KB200602

조정민의 답답답

조정민의 답답답

지은이 · 조정민
초판 발행 · 2022. 9. 21
21쇄 발행 · 2024. 6. 24
등록번호 · 제1988-000080호
등록된 곳 · 서울특별시 용산구 서빙고로65길 38
발행처 · 사단법인 두란노서원
영업부 · 2078-3333 FAX 080-749-3705
출판부 · 2078-3331

책 값은 뒤표지에 있습니다.
ISBN 978-89-531-4322-7 04230
     978-89-531-4323-4 04230(set)

독자의 의견을 기다립니다.
tpress@duranno.com   http://www.duranno.com

두란노서원은 바울 사도가 3차 전도여행 때 에베소에서 성령 받은 제자들을 따로 세워 하나님의 말씀
으로 양육하던 장소입니다. 사도행전 19장 8-20절의 정신에 따라 첫째 목회자를 돕는 사역과 평신도
를 훈련시키는 사역, 둘째 세계선교(TIM)와 문서선교(단행본·잡지) 사역, 셋째 예수문화 및 경배와
찬양 사역, 그리고 가정·상담 사역 등을 감당하고 있습니다. 1980년 12월 22일에 창립된 두란노서
원은 주님 오실 때까지 이 사역들을 계속할 것입니다.

답답함에 답하다

조정민의
답답답

조정민 지음

두란노

3 연약함

4 고난

5 분별

6 가정/연애/사랑

7 일상생활

프롤로그

믿음의 여정은 누구에게나 쉽지 않습니다. 날아갈 듯한 기쁨의 순간들이 있지만 깊은 어둠 속을 헤매는 시간들이 있습니다. 가슴이 터질 듯 벅찬 순간들이 있지만 가슴이 막혀서 숨이 넘어갈 것만 같은 순간들도 있습니다. 번쩍하는 깨달음의 순간들이 있지만 답답한 마음에 주저앉아 가쁜 숨을 몰아쉬는 시간들이 있습니다. 그럴 때 누군가 곁에서 한마디 건네줄 때 얼마나 감사한지요. 한여름 더위에 찬물 한 모금 마시는 느낌입니다.

《답답답》은 그런 답답함에 답하는 마음으로 시작된 대화입니다. 베이직교회 목사이자 의사인 안신기 목사님이 곁에 있어 가능했습니다. '의사와 기자'의 만남이 '의기투합'이 되어 예배 시간에 묻고 답하는 시간을 갖게 되었습니다. 예배 생중계 형식은 문답의 지경을 넓혀 놓았습니다. 국내만이 아니라 해외에서도 예배 생중계 도중에 실시간으로 답답한 것을 묻고 답하는 사람들이 늘어났습니다.

전통적인 예배 형식에서 벗어나는 일이라고 염려하는 분들도 있고, 실시간으로 질문하고 답변하는 내용이 위태로워 그런 위험한 일을 당장 그만두라는 조언도 있습니다. 그러나 주일 오후에 가지는 '아름다운 동행' 예배가 이제 10년을 바라보고 있습니다. 먼저 아슬아슬한 이 예배를 함께 드려 온 베이직교회 성도들과 동역자들에게 감사를 드립니다. 그러나 누구보다 그동안 신앙생활을 하면서 속에 담아 둔 의문을 정중하고 솔직하게 물어 준 성도들에게 더 큰 감사를 전하고 싶습니다. 특히 숱한 질문과 부족한 답변 가운데 핵심을 뽑아내어 '더메시지랩'에 유튜브 영상을 올려 준 이정아 전도사와 김지수 간사에게 사랑의 빚을 졌습니다. 그리고 산만한 문답들을 일목요연하게 묶어 준 두란노 가족에게 각별한 감사의 뜻을 전합니다. 사실 《답답답》은 '아름다운 동행' 예배를 함께 드려 온 안신기 목사님이 공동 저자입니다. 거친 답변을 순화시키면서 제가 목회자로서 선을 넘지 않도록 노심초사해 주신 데 대해 감사 이상의 마음을 드립니다.

한 가지 반드시 덧붙여 말씀드려야 할 것은 이 《답답답》이라는 책 한 권으로 우리 신앙의 답답함이 결코 다 풀리는 일은 없을 것이라는 점입니다. 턱없이 부족한 답변 때문이기도 하지만 어떤 틀에도 담기지 않는 각자의 신앙과 우리 신앙의 대상인 삼위일체 하나님의 무한한 넓이와 깊이와 높이 때문입니다. 하나님 앞에서 저는 여전히 말하고 깨닫고 생각하는 것이 어린아이와 같기에 허술하고 부정확한 내용에 대한 비판은 절대적으로 저의 미숙함이 감당할 몫입니다. 다만 믿음의 길에서 누군가 동반자가 되어 주는 것만으로 족하다면 이 책을 통해서도 서로 신앙의 대화를 이어 갈 수 있다고 믿습니다. 마라나타! 주 예수여 어서 오시옵소서! 우리의 모든 답답함은 주님 앞에서만 깨끗이 사라질 것입니다.

　　　　　　　　　　　　태풍 힌남노가 지나간 2022년 9월에

　　　　　　　　　　　　　　　　　　조정민

Q

1장

믿음
기도

아무리 노력해도 믿음이 안 생깁니다

● 　성경을 읽고 기도해도 믿음이 생기지 않아요. 어떻게 하면 하나님이 저에게 믿음을 주실까요?

▲ 　안 믿어지는 것을 어떻게 억지로 믿을 수 있겠어요? 안 믿어질 때는 기다려야 한다고 생각해요. 기다리다 보면 믿어지는 사건을 경험하게 됩니다. 하나님이 그런 사건을 주실 것입니다. 가령 어려운 일이 파도처럼 밀려올 때가 있죠. 이 고통의 파도는 누구나 통과할 수밖에 없는 인생 역정입니다. 이때 '어디 계십니까? 내 고통을 보고 계시기는 한 겁니까?' 하고 하나님께 기도하게 됩니다. 그러다 하나님을 만진 듯이 만나는 사건을 경험하게 됩니다. 저는 이것을 하나님과 씨름하는 시간이라고 부릅니다. '하나님, 있기는 한 겁니까? 도대체 하나님이 내 고통을 알기는 하세요?' 하는 질문이 정직할수록, 진지할수록 하나님을 깊이 만나게 됩니다.

그리스도인으로서 한 번도 그런 질문을 해본 적 없다면, 한 번도 그런 의심을 해본 적 없다면, 그게 오히려 더 이상한 것입니다. 사실 하나님께 이런 질문을 한다는 것은 하나님이 이 질문에 대답하실 것이라는 걸 이미 믿기 때문입니다. 사람도 믿을 만한 사람, 질문에 대한 답을 아는 사람한테 질문을 하게 됩니다. 들으나 마나 한 얘기를 하는 사람한테는 진지하게 질문하지 않습니다.

그리스도인은 이런 진지한 질문을 받는 사람이 되어야 합니다. 믿을 만한 사람이 되어야 하는 거죠. 믿음이란 인격과 관련이 있습니다. 우리가 믿을 수 있는 사람이 된다는 것은 인격적으로 성숙한 사람이 된다는 뜻이기도 합니다. 사람들한테 진지한 질문을 받는 사람이 되었다면 제대로 신앙생활을 하고 있는 겁니다.

사람마다 하나님을 만나는 타이밍이 있을까요?

하나님을 만나는 타이밍이 나의 선택인지 하나님의 선택인지 궁금합니다. 만일 목사님이 20~30대에 하나님을 만났다면 어떠셨을까요?

▲ 저는 하나님을 주권자로 인정하기 때문에 그 시간표는 하나님께 달렸다고 믿습니다. 그리고 만일 20~30대에 하나님을 만났다면 오늘날 많은 목사들이 저지르는 실수를 제가 했을 것입니다. 이미 실수를 할 만큼 한 뒤에 목사가 된 것이 얼마나 다행인지 모릅니다. 일찌감치 부르시지 않아서 너무 감사합니다.

하나님의 시간표에는 실수가 없다고 믿습니다. 어떤 분은 남편이 교회에 오면 소원이 없겠다 하십니다. 이는 곧 그 외에 다른 기도 제목은 없다는 뜻으로도 들리는데, 그렇다면 그것은 하나님께 맡기십시오. 다만 하나님의 나라를 위해 기도하십시오. 하나님은 나를 바꾸기 위해서 그런 남편을 만나게 하셨습니다. 그걸 아셔야 해요. 나를 바꾸기 위해서 그런 자녀들을 두신 것입니다. 그런 점에서 남편이, 자녀가 여러분 때문에 고생하고 있는 겁니다. 이를 깨닫기 바랍니다.

C. S. 루이스는 '고난이란 말귀를 못 알아듣는 사람한테 마이크를 대고 말하는 것과 같다'고 했습니다. 남편 혹은 자녀로 인해 고난을 받고 있다면 그것은 하나님께 맡기십시오. 이것이 바로 믿음입니다. 저는 여러분이 염려하는 대신 하나님께 맡기고 담대하게 살았으면 좋겠습니다. 그것이 기쁘게 인생을 사는 비결입니다.

제 아내가 만일 교회에 가자고 졸랐으면 저는 절대로 교회에 나오지 않았을 겁니다. 아내는 저를 압박하는 대신 술 마시고 돌아온 제 발을 붙들고 기도했습니다. 이 발로 술집 가지 않고 교회 가게 해달라고 말입니다. 아내가 기도하는 동안 저는 의식이 없었지만 그 기도를 하나님이 들으셨습니다. 이렇게 술집 가는 발이 아니라 교회 가는 발이 되었으니까요. 그러니 조급해하지 마십시오. 염려하지 마십시오. 하나님의 시간표는 틀림이 없으므로 믿음으로 담대해지십시오.

믿음으로 기도했는데 병이 안 나았습니다

● 믿음으로 간절히 간구했건만 이뤄지지 않을 때가 있습니다. 어디까지 믿어야 할까요?

▲ 믿을 '신(信)'은 믿는 사람에게서 비롯되는 믿음이지만, 사실 참믿음은 사람이 아니라 하나님으로부터 비롯됩니다. 그러니까 내가 수고해서 기도하고 열심을 다하면 보상되는 게 믿음이 아닙니다. 그저 병을 낫게 해달라고 주문을 외는 게 믿음이 아니라는 겁니다. 믿음은 말씀에 근거해야 합니다. 주님이 치유에 관한 말씀으로 어떤 말씀을 주셨는지, 그중 특별히 내 마음에 와닿은 말씀은 무엇인지, 그 말씀을 붙드는 게 믿음이에요. 주님은 그 믿음을 보고 응답해 주십니다.

우리는 병이 낫는 게 선이고, 병을 이기지 못하고 죽는 건 악이라는 이분법적인 사고를 하는 경향이 있습니다. 하나님이 어떤 병을 허락하셨더라도 그것이 그분의 선(善)임을 믿는 것이 필요합니다.

병에서 낫는 것보다 더 중요한 것은 병에 붙들려 사는 삶에서 자유해지는 것입니다. 예수님이 맹인을 치유하고 나서

"다시 죄짓지 말라"고 하신 것도 병에서 낫는 것보다 더 중요한 것이 죄에서 풀려나는 것이기 때문입니다. 육신이 병들면 큰일 난 것처럼 고통스러워하면서도 영혼이 병들면 무감각한 게 더 큰 문제라는 겁니다. 죄가 우리를 침범하는 것이 가장 고통스러운 겁니다.

병은 누구나 가지고 살아요. 머리끝에서 발끝까지 중 병 없는 사람은 없습니다. 그 병을 이기고 사느냐, 지고 사느냐가 중요합니다. 병이 나를 끌고 가느냐, 내가 병을 끌고 가느냐가 중요한 겁니다. 병을 두려워해서 하나님보다 더 많이, 더 깊이 묵상하면 병이 우상이 됩니다. 신체적인 회복이 없을지라도 치유는 가능합니다. 야곱은 다리를 절게 되었지만 그 영혼은 치유됐듯이 말입니다.

믿음은 100% 진짜이거나 100% 가짜이거나 둘 중 하나입니다. 99%는 믿음이 아니에요. 믿음은 그분을 100% 신뢰하는 거예요. 내 생각 10%를 포함한 90%의 믿음은 믿음이 아닙니다.

무조건 믿는 것이 옳은 건가요?

● 성경 말씀이 잘 안 믿어지고 하나님께 궁금한 것들이 많은데 그럼에도 무조건 믿는 것이 옳은가요?

▲ 성경은 역사적 사실을 근거로 쓰인 책입니다. 허구를 쓴 소설이 아닙니다. 출애굽 사건은 역사적 사건이지 꾸며 낸 얘기가 아닙니다. 예수님은 실존 인물로 십자가를 지고 죽으셨다가 사흘 만에 부활하셨습니다. 이것이 꾸며 낸 이야기라면 열두 명의 제자가 십자가에 못 박혀 죽고 톱에 썰려 죽고 절벽에 떨어져 죽었겠습니까? 이후로도 수많은 사람들이 이 사실을 전하기 위해 순교를 했겠습니까? 사실로 믿었기에 죽음을 두려워하지 않은 겁니다.

성경은 가장 먼저 역사적 사실을 기록한 책이며 믿음으로 봐야 하는 책입니다. 무작정 믿어야 하는 책이 아닙니다. 성경을 통해 십자가 사건을 접하면 우리는 먼저 감정적인 반응을 하게 됩니다. 가슴 아파서 눈물을 흘리게 되죠. 그러다 2천 년 전의 팔레스타인 땅에서 십자가에 못 박혀 죽은 30대 청년과 내가 무슨 상관이 있을까 하고 이성을 작동하게 됩니다. 그러다 어느 날 그 사건이 감동이 되는 순간이 있어요.

Feeling이 생기기 시작하는 겁니다. 이 감정적인 반응을 거친 뒤 Faith, 믿음이 생깁니다. 이 과정을 거쳐야 합니다. 무조건 믿겠다 해서 믿어지지 않습니다. 믿음은 억지로 생기는 게 아닙니다.

차라리 성경을 읽으면서 이게 사실이라면 나를 믿게 해보세요 하고 기도하세요. 무좀이 심했던 어떤 분이 교회에서 집까지 오는 동안 "하나님, 진짜 계시다면 내 무좀이나 한번 낫게 해보시오" 하고 기도했다가 진짜 무좀을 고침 받았다고 합니다. 하나님이 무좀 특효약이라는 얘기가 아니라 이런 도발에도 때로 하나님은 반응하신다는 얘기입니다. 그러니 도무지 믿어지지 않는다면 하나님께 믿게 해달라고 기도하십시오. 무조건 믿겠다 하지 마시고요.

어떤 사람은 혼자서 통곡하다가 하나님을 만나고, 어떤 사람은 침대 곁에서 조용히 명상하다가 하나님을 만나고, 어떤 사람은 여행 중에 찢어지게 가난한 동네에 들어갔다가 하나님을 만나기도 합니다. 하나님을 갈망하는 마음이 믿음을 선물로 받게 합니다.

믿음을 신념으로 믿는 사람이 많습니다. 오른뺨을 맞으면 왼

뺨을 돌려 대라, 5리를 가자면 10리를 가 줘라, 겉옷을 달라고 하면 속옷을 줘라, 빌리지 말고 누구에게든 꾸어 줘라, 얼마나 좋은 말씀입니까. 이 좋은 말씀을 의지적으로 실천하는 사람은 좋은 그리스도인 같지만, 만일 그것이 믿기로 작정한 신념이었다면, 고난이 왔을 때 한순간에 믿음이 허물어지는 것을 봅니다. 하나님은 이런 분일 것이다, 예수님은 이런 분이어야 한다는 내 생각을 믿었기 때문에, 내 생각과 다른 모습이 부딪치면 교회를 떠나거나 신앙을 잃고 마는 것입니다. 맹신이든 신념이든 하나님의 선물로 받은 믿음이 아니면 한순간에 물거품이 되고 맙니다. 그래서 믿음을 선물로 받는 경험이 반드시 필요합니다.

●   말씀을 의심해도 괜찮은 건가요?

▲   저는 솔직히 창조론이 안 믿어진다고 계속 질문했습니다. 창조론이 말이 됩니까? 그렇게 질문하고 의심하자, 하나님은 사건을 통해 그 질문들에 대답해 주셨습니다. 창조과학회장을 만나 사흘 동안 밤새도록 토론하는 시간이 마련된다든가, 누군가 선물로 준 설교 테이프나 책에 내가 의심하고 질문하던 것들에 대한 대답이 있다든가 하는 식입니다.

소름 돋는 경험을 참 많이 했습니다. 나중에는 의문을 가지기가 두려울 정도였어요. 또 무슨 일이 생기려나 싶어서요.

이처럼 저는 의심 많은 도마였습니다. 그런 제게 하나님은 믿을 수 있는 일들을 만들어 주셨습니다. 그러니 의문이 들면 하나님께 솔직해지십시오. 불신이 생겼다면 솔직해지십시오. 안 믿으면서 믿는 체하는 것처럼 나쁜 게 없습니다. 안 믿어지면 안 믿는 대로 솔직해야 합니다.

하나님은 잃어버린 한 영혼에 관심이 많습니다. 우리에 있는 아흔아홉 마리의 양보다도 잃어버린 한 마리 양에 관심이 많으십니다. 교회도 울타리 밖에 있는 사람, 안 믿는 사람, 의심하는 사람, 불신하는 사람에게 초점을 맞추고 관심을 기울여야 합니다. 무조건 믿으라고 강요하지 마십시오.

겨자씨만 한 믿음이란 어떤 것인가요?

● 　　예수님이 겨자씨 한 알만 한 믿음만 있어도 들어주신다고 하셨는데 기도가 안 이뤄지는 것은 제 믿음이 없어서일까요?

▲ 　　로마 백부장이 예수님이 말씀만 하시면 병든 하인이 낫겠다고 했을 때, 예수님이 이스라엘에서 이만한 믿음을 본 적이 없다고 말씀하십니다(마 8:8-10). 당시 그 현장에는 가족과 삶의 터전을 버리고 예수님을 따라나선 제자들도 있었고, 믿음 좋기로 유명한 장로들도 있었습니다. 그런데도 예수님은 로마 백부장의 믿음을 칭찬하십니다. 로마 백부장은 회당에 나가 말씀을 배우거나 읽는 사람이 아니었습니다. 그럼에도 예수님은 그를 참믿음의 사람이라고 칭찬하셨습니다.

로마 백부장 외에 예수님이 그 믿음을 칭찬한 사람이 또 있는데 바로 수로보니게 여인입니다(마 15:22-28). 아이를 낫게 해달라고 찾아온 여인에게 예수님은 "자녀의 떡을 취하여 개들에게 던짐이 마땅치 아니하니라"라며 이방인의 병을 고치지 않겠다고 차갑게 응수하셨습니다. 그러자 여인이 "상 아래 개들도 주인이 먹던 부스러기를 먹나이다"라며 지극히 몸을 낮추며 예수님께 매달립니다. 이때 예수님이 "여자여 네 믿음이 크도다 네 소원대로 되리라"라고 말씀하십니다.

예수님으로부터 그 믿음을 칭찬받은 수로보니게 여인도 로마 백부장도 모두 이방인입니다. 예수님은 왜 이들의 믿음을 크게 칭찬하신 걸까요? 지금으로 치면, 교회도 안 나가고 말씀도 안 보는 사람에게 네 믿음이 크다고 말씀하신 것입니다. 그런 점에서 '겨자씨만 한 믿음'이란 이방인의 믿음을 의미하며, 그렇게 진심으로 믿는 믿음에 하나님이 응답하신다는 의미로 해석할 수 있습니다.

한편, 우리는 하나님이 우리가 구한 것에 대해 예스를 하셔야만 응답받았다고 생각하는데, 그렇지 않습니다. 어린 자녀가 칼을 사 달라고 떼써도 부모는 절대 사주지 않습니다. 그러므로 당장 내가 원하는 걸 주시는 것만 응답이라고 생각하면 안 됩니다. 내가 원하는 걸 주시지 않는 것도 응답입니다. 입으로 기도했다면 이미 응답받은 줄 믿으시기 바랍니다. 그것이 곧 믿음입니다. 내가 원하는 시간, 내가 원하는 방법, 내가 원하는 형태로 응답받아야 한다는 믿음은 '내' 믿음일 뿐입니다. 그래서 겨자씨만 한 믿음이라도 예수님으로부터 비롯된 믿음이라면 반드시 응답됩니다.

'하나님께 맡긴다'는 무슨 의미일까요?

● '하나님께 다 맡기라'는 말을 많이 듣는데, 그러면 나는 무엇을 어디까지 해야 할까요?

▲ 본인이 할 일 다하는 것입니다. 하나님은 아무 일도 해주지 않습니다. 그런데 하나님이 다 준비하셨어요. 그래서 신앙은 패러독스입니다. 우리가 밥을 놓고 주님께 기도를 아무리 해보십시오. 그 밥이 입에 들어갑니까? 우리가 밥을 떠서 입에 넣고 열 번, 스무 번 씹어야 넘어가지 주님께 이 밥이 내 위에 들어가게 해주옵소서, 죽는 날까지 기도해도 응답되지 않습니다.

하지만 그 밥은 누가 준비했죠? 쌀이 재배되어 우리 식탁에 오기까지 그 긴 역사적 과정은 주님께서 준비하신 것입니다. 이것이 깨달아지면, 그 깨달음이 깊어지고 깊어지면 어머니 배 속에 있기 전부터 하나님이 나를 준비하셨구나, 내가 존재하는 것 자체가 은혜구나 하는 각성을 하게 됩니다.

이스라엘의 가나안 정복은 누가 했습니까? 가나안 정복까지 그 긴 역사적 과정은 주님이 준비하셨지만 실제로 가나안 사람들과 싸운 이는 이스라엘 백성입니다. 하나님이 다 준비하셨고 모든 것을 이루십니다. 완성은 주님께 달렸어요. 그러나 Process, 그 과정은 우리의 몫입니다. 그리스도인의 잘못된 태도 중 하나가 하나님이 다 해주신다는 겁니다. 하나님은 우리와 동역하기를 원하시는 분입니다. 내가 할 일까지 해주시는 분이 아닙니다.

이때 '맡겼다'는 무엇을 맡긴 걸까요? 비행기 탈 때 짐을 맡기죠. 그 짐을 무사히 되찾기까지는 내 책임이 아닙니다. 항공사의 책임입니다. 하나님께 '맡겼다'는 것은 내가 최선을 다해 일한 결과를 하나님이 책임져 주신다는 의미입니다. 그래서 우리는 그 결과에 대해 자유로워질 수 있어요. 어떤 결과든 상관없이 염려하지 않는 겁니다.

의사가 수술실에 들어가면서 '수술이 잘되게 해주십시오' 하고 기도하고 나서 메스를 놓고 있나요? 의사는 최선을 다해 수술해야 합니다. 수술하면서 절대 게으름을 피울 수 없습니다. 졸린다고 잠깐 쉬고 올 수 있습니까? 그럴 수 없죠. 수술 마칠 때까지 혼신을 다하지만 그 결과는 주님께 맡기는 겁니다.

저는 주일 아침까지 설교를 고치고 또 고칩니다. 그리고 강단에 설 때는 원고를 가지고 올라가지 않습니다. 설교 원고를 작성하는 일은 최선을 다하지만 나머지는 주님께 맡깁니다. 나의 최선에 의지하지 않는 것입니다. 그래서 아침까지 고친 원고대로 설교하지 않을 때도 있습니다. 그래도 괜찮습니다. 결과에 대해선 책임지지 않으니까 자유롭습니다. 설교에 대한 모든 것이 내 책임이라고 생각하면 잘될 때 우월감에 빠지고 안 될 때 열등감에 빠지게 됩니다. 하지만 결과를 주님께 맡기면 내가 최선을 다하는 과정도 기쁨이고 그 결과도 기쁨이 됩니다.

● 　그런데 하다 보면 자꾸 제가 잘한 것 같은 생각이 들 때가 있어요.

▲ 　그것이 문제예요. 저도 내가 설교를 잘해서 사람들이 모인다고 착각할 때가 있습니다. 지난번에 어떤 분이 교회에 와서 설교를 듣고 나면 눈물이 난다고 말하더라고요. 그런 말 들으면 내가 설교를 잘하나 우쭐해질 때가 있습니다. 이게 교만이고 이 교만은 패망의 지름길입니다. 끝까지 겸손해야 합니다.

그 사람이 눈물 흘리는 건 내 설교 때문이 아닙니다. 성령님이 그 사람의 마음을 만져 주신 결과입니다. 사실 제 설교 들

고 짜증 내는 사람도 많습니다. 왜 저렇게 화를 내는가 하면
서 아예 듣지 않는 사람도 있죠. 성령님이 함께하시는가, 아
닌가가 교회를 결정합니다. 내 설교 때문이라고 생각하면 큰
오산입니다.

기도가 부족해서 사고가 난 것일까요?

●   엄마는 내 기도가 부족해서 사고가 났다고 하세요. 하지만 전 이나마도 하나님의 도우심 덕분이라고 생각해요. 무엇이 맞는 걸까요?

▲   하나님이 그런 마음을 주셨으면 둘 다 경청할 필요가 있습니다. 내가 듣지 못하는 것을 듣게 하실 수도 있고, 하나님이 나를 깨우치기 위해서 그렇게 하실 수도 있습니다. 하지만 기도하지 않아서 이런 불운이 생겼다, 무슨 공식처럼 생각하지는 않았으면 좋겠습니다.

선한 사람에게 선한 일만 일어나고 악한 사람에게 악한 일만 일어나는 게 인생이 아닙니다. 그리고 우리가 판단하는 선악은 하나님의 기준과 다를 수 있습니다. 우리가 보기에 어쩌면 저렇게 악한가 하는 사람이 하나님께는 선한 사람일 수 있고, 어쩌면 저렇게 선한가 하는 사람이 하나님께는 악한 사람일 수 있습니다.

예수님 당시에 바리새인들이 무슨 죄를 지었습니까? 무슨 악한 짓을 했습니까? 사람들 눈에 바리새인은 선한 사람들이었을 겁니다. 하지만 하나님께는 악한 사람들이었죠. 그래서 우리의 기준으로 선악을 판단할 수 없습니다. 그렇게 판단하는 것이 곧 하나님 자리에 내가 앉겠다는 오만한 태도입니다.

제가 질문자의 어머니라면 기도하지 않아서 이런 사고가 생겼다고 말하기보다 딸을 위해 기도할 것 같습니다. 자꾸 지적하고 싶다면, 하나님 자리에 있겠다는 오만함의 발로이므로 조심하시기 바랍니다. 고난당한 사람에게, 몸이 아픈 사람에게 기도가 부족해서 그래, 하나님이 더 기도하라고 그러시나 봐 같은 말로 설명하려고 하지 마십시오. 우리가 판단하는 그 말들이 지금 고난을 넘고 있는 사람들에게 비수를 꽂는 일일 수 있습니다. 우리가 할 일은 그저 곁에서 함께 염려해 주고 아파해 주는 것입니다.

성경은 하나님이 우리에게 감당할 시험밖에는 허락하시지 않는다고 말씀합니다(고전 10:13). 큰 고난은 큰 그릇을 만드는 과정 중에 오는 것이라고 생각합니다. 그러니까 큰 시험이 오지 않는다고 좋아할 일만은 아닌 겁니다. 하나님이 풀무불 사이로 들어가게 하셨다면 하나님의 선한 목적이 있을 것이라 생각하고 끝까지 순종하기를 바랍니다. 그 길 끝에 생각지도 못한 열매를 보게 될 것입니다.

고난 중에 있을 때는 하나님의 뜻이 해석되지 않아서 괴롭습니다. 이해할 수 없어서 고통스럽습니다. 하지만 묵묵히 견디다 보면 고난이 해석되고 그 고난을 견딘 것이 능력이 되는 때가 옵니다.

그래서 신앙은 나중에 해석되는 능력입니다. 처음부터 다 알고 가는 사람은 아무도 없습니다. 내가 왜 이런 집에 시집왔나, 내가 왜 이런 인간을 만났나 원망도 되고 화도 나지만 견디면 나중에 해석이 되고 탐스러운 열매도 맺게 됩니다. 이것을 믿으시기 바랍니다.

분노 때문에 기도가 막혀요

● 　　나를 부당하게 대하는 사람에 대한 분노 때문에 기도가 막
히고 어려워요. 어떻게 해야 할까요?

▲ 　　시편 73편을 읽어 보기 바랍니다.
"이는 내가 악인의 형통함을 보고 오만한 자를 질투하였음이
로다 그들은 죽을 때에도 고통이 없고 그 힘이 강건하며 사
람들이 당하는 고난이 그들에게는 없고 사람들이 당하는 재
앙도 그들에게는 없나니 그러므로 교만이 그들의 목걸이요
강포가 그들의 옷이며… 하나님의 성소에 들어갈 때에야 그
들의 종말을 내가 깨달았나이다 주께서 참으로 그들을 미끄
러운 곳에 두시며 파멸에 던지시니 그들이 어찌하여 그리 갑
자기 황폐되었는가 놀랄 정도로 그들은 전멸하였나이다"(시
73:3-6, 17-19).

저는 기도가 안 될 때 특히 시편을 읽습니다. 다윗의 분노에
찬 기도, 저주에 가까운 기도를 만나면 거기에 오늘 나를 분
노하게 만든 사람의 이름을 넣어서 기도하는 겁니다. "아무
개의 자손이 끊어지게 해주옵소서." "넘어져서 다리가 부러
지게 하시고 절대로 좋은 일이 일어나지 않게 해주십시오."

이게 솔직한 심정인데 어떻게 하겠어요? '원수를 사랑하라'
가 죽었다 깨어나도 안 되는데 어떻게 거짓말을 할 수 있겠
어요? 안 될 때는 안 된다고 솔직하게 얘기하는 게 맞습니다.
안 되는데 되는 것처럼 말하는 건 위선입니다. 그렇게 위선
을 떨다가 기도가 막히고 성품이 이상해지는 겁니다.

하나님도 '나한테 쏟아 놓으라' 하셨습니다. 그러면 원수 갚는
것은 하나님이 하겠다고 하셨습니다. 저도 지금 하나님이 갚
아 주기를 기다리는 사람이 한둘 있습니다. 하지만 하나님께
맡겼기 때문에 더 이상 분노하지 않고 자유할 수 있습니다.

우리가 하나님께 솔직해지지 못하는 이유는 하나님을 무섭
고 두려운 하나님, 징벌하시는 하나님으로 알기 때문입니다.
하지만 예수님은 우리더러 하나님을 아빠라고 부르라고 하
셨습니다. 하나님이 내 아빠인데 못할 말이 무엇이겠습니까?
기도는 그분이 내 상황을 몰라서 하는 게 아닙니다. 내가 그
상황을 몰라서 하는 겁니다. 기도로 욕하고 저주하다 보면
내가 처한 상황이 이해됩니다. 내가 어떤 사람인지, 그가 어
떤 사람인지 깨닫게 됩니다.

깊이 기도하는 것이 어려워요

● 　　주님과 일대일로 깊은 기도 시간을 갖기 위해서는 어떻게 해야 할까요?

▲ 　　여러분, 사랑하는 사람하고 오래 있는 것이 지겹습니까? 저는 연애할 때 보고 또 봐도 보고 싶어서 하루에 네 번씩 데이트를 했습니다. 한순간이라도 같이 있고 싶어서 귀가 시간을 늦추고 또 늦추었고요.

그냥 하나님과 함께하면 되지 꼭 기도하면서 뭘 얘기해야 합니까? 하나님을 더 사랑하면 애써 기도하지 않아도 깊은 관계로 나아가게 됩니다. '기도는 듣는 것'이라고 합니다. 뭔가 말하기 위한 것이 목적이 아니라 '그저 그분과 같이 있는 것'이 기도의 궁극적인 목적이 되면 됩니다.

사랑하면 뭐든 주고 싶습니다. 뭘 더 못 줘서 안달이 나지요. 계속 하나님만 바라보며 "나는 아빠가 좋아. 너무 좋아" 그러면 하나님이 기뻐하며 물어보십니다. "너 필요한 게 뭐니?" 굳이 이것 달라, 저것 달라 조르지 않아도 필요한 걸 주시는 하나님입니다.

그런데 아버지의 마음을 시원케 하는 기도가 있습니다. 바로 박해받는 사람들을 위해 눈물로 기도하는 것입니다. 마음이 너무 아파서 통곡하며 부르짖으면 하나님이 "너 어떻게 그런 기도까지 하니? 내가 진짜 그런 기도 듣고 싶었단다" 하면서 내가 구하지 않은 것까지 주십니다.

우리 아들이 어릴 때 돈을 차곡차곡 모으더니 어려운 사람들을 도와줬다고 하더라고요. 너무 기뻐서 가슴이 콩닥콩닥 뛰었습니다. 그 아들이 어찌나 예쁘고 사랑스럽던지 더 많은 용돈을 막 주고 싶었습니다.

하나님이 기뻐하시는 곳에 돈을 써 보십시오. 우리 주머니가 마르지 않습니다. 주머니에 구멍이 뚫린 것처럼 돈이 샌다면 나를 기쁘게 하는 데만 돈을 쓰기 때문입니다.

물질을 쓰는 거기에 우리의 영성이 있습니다. 나에게 조금 적게 쓰고 남한테 많이 쓰는 우리를 아버지 하나님이 얼마나 기특해하시겠어요? 남을 먼저 배려하는 삶, 그게 신앙의 삶입니다. 여호와가 우리의 목자이십니다. 아버지이십니다. 그래서 믿는 자는 부족함이 없습니다. 우리는 늘 결핍으로 인해 목말라하는 세상 사람들을 돌볼 수 있습니다.

예수님은 다 아시는데 왜 기도해야 하나요?

예수님이 이미 나를 다 아신다고 하는데 굳이 기도해야 하는 이유는 무엇인가요?

예수님은 당연히 나를 다 아십니다. 하지만 나는 예수님을 모릅니다. 나 자신도 잘 몰라요. 기도는 내가 어떤 사람인가를 알아 가는 과정입니다. 내가 구하는 것이 곧 나의 모습이거든요.

우리 아들이 어릴 때 장난감 사 달라고 조르면 제가 다 사 줍니까? 아들의 요청을 듣기는 해도 사 주는 것은 한참 지나서일 수 있습니다. 마찬가지로 우리가 기도하면 그분이 들으십니다. 그러나 그 요청에 Yes냐 No냐 또는 Wait냐는 그분이 결정하실 일입니다. 나는 그분의 결정을 좌지우지할 수 없습니다. 그분이 No하셨다면 그것이 최선이기 때문입니다.

사실 돌아보면 그때 내가 원하는 대로 되지 않아서 다행이다 하는 일이 참 많습니다. 그때 그 사람이랑 만났으면 큰일 날 뻔했어 같은 일 말입니다. 그러니 기도는 하되 그다음은 그분께 전적으로 맡겨야 합니다. 이것이 신앙입니다. Yes, No, Wait 하면 그대로 따르면 됩니다.

심지어 사도 바울은 살든지 죽든지 그건 내 알 바 아니라고 했습니다(롬 14:8). 나는 오래 살고 싶지만 그분이 지금 데려가는 것이 좋다면 오케이라는 겁니다. 너무 수동적인 것 아니냐고요? 아닙니다. 수동적인 게 아니라 가장 능동적인 태도입니다. 죽고 사는 데서 풀려나는 것보다 더 큰 능동적인 삶이 어디 있겠습니까.

Q

2장

신앙생활

성경이 너무 어렵습니다

●   성경을 꾸준히 읽고 싶은데 너무 어려워요. 어떻게 읽어야 하나요?

▲   성경이 어려운 건 번역이 어렵게 되었기 때문입니다. 유대인들한테 성경은 전혀 어렵지 않을 겁니다. 자기 언어로 쓰였으니까요. 특히 신약성경은 헬라어로 쓰였는데 당시 가장 쉬운 말로 쓰인 겁니다. 성경이 쉽게 읽히려면 중학교 1, 2학년들이 막히지 않고 읽을 수 있을 정도로 번역이 되어야 합니다. 성경 전체의 문맥을 이해하려면 좀 더 쉽게 번역된 성경을 읽는 게 도움이 됩니다. 그런 다음 다른 버전의 성경을 읽어 보길 권합니다.

그런데 성경을 백번 읽어도 말씀과 상관없이 사는 사람이 많습니다. 성경적인 지식은 많은데 삶과 동떨어진 사람도 많습니다. 하나님의 말씀으로 받고 읽었다면 그럴 수 없습니다. 말씀은 하나님이 우리 각자에게 보내신 러브레터입니다. 연애편지는 읽고 또 읽고 또 읽게 마련이지 않습니까? 그런데 그 사랑의 편지를 받고 아무렇지 않다면, 하나님과 상관없는 사람인 거죠.

성경은 66권으로 되어 있으며 저자가 40여 명입니다. 게다가 1600년이라는 시간 차를 두고 쓰였습니다. 그런데도 성경 66권은 한 권처럼 읽힙니다. 주제가 같으니까요. 디모데서는 모든 성경은 하나님의 감동으로 쓰였다고 말하고 있습니다(딤후 3:16). 과연 그렇죠. 성경은 각각 다른 사람이 썼지만 하나님이 한 성령으로 감동케 하셔서 동일한 주제를 관통하도록 하셨습니다.

성경의 저자가 하나님이라는 사실이 믿어지십니까? 그 믿음으로 성경을 읽어야 오늘 나에게 들려주는 말씀으로 받을 수 있습니다.

생각해 보십시오. 지금 우리가 3500~4000년 전에 쓰인 책을 읽는다는 게 기적 아닙니까? 하나님이 시간과 공간을 초월해서 내게 찾아와 말씀하신다는 걸 믿는 게 믿음입니다. 그래서 성경을 거치지 않은 어떤 영적 체험이나 증거를 귀담아들으면 안 됩니다. 정말 위험한 일이에요. 세상은 갈수록 영적인 것에 갈급하게 될 것입니다. 영적인 현상에 관심이 많아질 것입니다. 이런 때일수록 성경의 검증을 반드시 거쳐야 합니다.

말씀을 읽을 때 먼저 하나님의 도우심을 구하십시오. 그리고 이해되지 않는 말씀은 일단 넘어가세요. 나중에 한 번 더 읽으면 이해될 겁니다. 한 번 더 봐도 이해되지 않는다면 또 한 번 읽으면 됩니다. 그렇게 차츰차츰 이해해도 늦지 않습니다.

성경 공부, 어떻게 해야 할까요?

● 초신자들과 함께 성경 공부를 하고 싶은데, 무엇을 어떻게 해야 할까요?

▲ 저는 이런 질문을 받을 때마다 두 가지 생각을 하게 됩니다. 첫째는 성경을 왜 공부한다고 할까입니다. 성경은 공부해서 깨달을 수 있는 책이 아닙니다. 하나님은 공부해서 깨달아지는 분이 아닙니다. 깨달아도 잘못 깨달을 가능성이 매우 높아요. 성경은 그냥 먹어야 합니다. 말씀을 먹어라, 이것이 진실입니다.

아기는 부모의 말을 공부하지 않고 먹습니다. 못 알아들어도 그냥 먹으니까 엄마, 아빠란 말이 엄마, 아빠와 매칭돼서 이해됩니다. 우리도 하나님을 끊임없이 먹음으로써 하나님을 자각하고 인식해야 합니다. 말씀 하나 가지고 1년도 좋고 10년도 좋고 먹어야 합니다. 시편 23편부터 시작해 보기를 권합니다.

시편 23편을 하루에 열 번도 먹고 백 번도 먹고 1년 내내 먹다 보면 실제로 부족함이 없는 삶을 살게 됩니다. 그 말씀에 배가 부르고 그 말씀으로 평안해지고 그 말씀 때문에 부족감에서 풀려나는 것을 경험하게 됩니다. 그것이 바로 신앙입니다. 신앙을 공부해서 키워보겠다고 하면 머리만 커질 뿐 정작 신앙이 자라지 않고 성숙하지 않는 일이 흔합니다. 그러나 날마다 성경을 먹다 보면 영적인 근육이 생겨서 자신도 모르는 사이에 실질적인 능력을 갖게 될 것입니다.

●   성경을 먹는다니요? 얼른 이해가 되지 않습니다.

▲   우선 암송하는 겁니다. "여호와는 나의 목자시니 내게 부족함이 없으리로다." 그런데 정말 하나님 믿으면 부족함이 없나요? 이 질문을 가지고 기도하는 겁니다. '정말 하나님 내 목자 맞으세요?' '정말 하나님 믿으면 내가 부족함이 없을까요?' 기도는 여기서부터 시작해야 합니다. 여러분이 정말 이 성경에서부터 삶을 새로 구축하지 않으면 절대로 바른 '신앙인'이 될 수 없습니다. 오래 성경 공부를 해도 자칫하면 '종교인'이 될 가능성이 대단히 많습니다.

성경을 바르게 알기 위해서 역사도 공부하고 지리도 공부하고 용어도 공부하면 좋지요. 공부하면 성경을 이해하는 데 분명 도움이 되긴 합니다. 하지만 이 툴을 의지하면 하나님으로부터 오는 마음에 귀 기울이기 어려워져요. 물론 성경적

지식을 무시하라고 말하려는 것이 아닙니다. 하나님의 음성을 직접 듣거나 하나님의 음성을 듣는다는 사람을 좇아다니며 '동으로 가면 귀인을 만날 것이다' 이런 말에 귀를 기울이기 시작하면 대부분 기복신앙에 빠지기 쉽습니다.

성경이 어렵게 느껴진다면 어린이성경부터 읽어 보십시오. 저도 어린이성경 읽었습니다. 우리말성경, 현대인의성경도 읽고 메시지성경도 읽었습니다.

어느 신학대학원 학장님이 베이직교회 성도들은 성경 통독을 한다는 얘기를 듣고 이렇게 말했습니다. "성도들이 1년에 성경을 한두 번 통독하는데, 정작 신학 교수인 저는 성경을 열심히 읽지 않았습니다. 회개하고 한 달에 한 번씩 통독하겠습니다." 그렇게 해서 그분이 1년에 열두 번 성경을 통독했어요. 뿐만 아니라 학생들에게 이사야서 66장을 부지런히 읽고 한 장에서 한 절씩 외워서 쓰는 걸 시험으로 내줬다고 합니다. 그랬더니 학생들의 신앙이 달라졌다고 하는 얘기를 들었습니다. 비록 신학생들이지만 성경을 공부하기보다 성경을 먹기 시작하자 삶과 신앙이 달라지기 시작한 것입니다.

저는 성도들에게 성경 안 읽으려면 베이직교회에 오지 말라고 말합니다. 성경을 먹지 않을 거면 교회에 오지 말라고 합니다. 하나님의 말씀은 안 들으면서 교회에 와서 목사 설교만 들으면 무슨 소용이겠습니까? 그래서 가정예배가 회복되

어야 합니다. 부모가 자녀와 함께 날마다 성경을 읽고 먹으
면 반드시 예배가 회복되고 반드시 가정이 회복됩니다.

온라인 예배도 예배인가요?

●   집에서 드리는 온라인 예배도 예배인가요? 그렇게 드리는 예배도 하나님께서 받으실까요?

▲   예전에 온누리교회에서 40일 특별새벽기도회를 했을 때였습니다. 샌프란시스코에 사는 어느 분이 온라인으로 예배를 드리다가 성령이 임해 방언을 받았다는 간증을 했습니다. 예수님은 예배란 장소와 시간의 문제가 아니라고 말씀하셨습니다. 장소가 아니라 태도라고 하셨습니다. 바로 신령과 진정으로 드리는 것이 예배라고 하셨습니다. "In spirit and truth"(요 4:23), 진리 안에 있는 것, 성령 안에 있는 것, 그걸 예배라고 가르쳐 주셨어요.

온라인 예배를 드리면서 카톡을 한다거나 딴생각을 하면 그건 예배가 아닙니다. 마찬가지로 현장 예배를 드리면서 딴생각하고 딴짓하는 것도 예배가 아닙니다. 교회에서든 온라인에서든 혹은 감옥이든 지하 토굴이든 성령 안에 있으면, 예수님 안에 있으면, 진리 안에 있으면, 예배가 됩니다.

예수님은 예배를 드리다가 싸운 일이 생각나거든 가서 화해하고 오라고 하셨습니다. 일주일 동안 엉망진창으로 살다가 주일 하루 교회에 와서 말씀을 보고 찬양을 한다고 그게 어떻게 예배가 될 수 있겠습니까? 중세 시대에 면죄부로 죄를 탕감받을 수 있다고 하던 것과 주일마다 교회 나오기만 하면 천국 갈 수 있다고 한다면 그 둘이 다를 게 무엇입니까?

● 　하지만 온라인 예배는 하나님과 일정한 시간을 정해 놓고 만나는 예배와 달리 아무 때나 하나님을 만나는 데다 심지어 화면을 정지시켰다가 다시 재개하는 식으로 예배를 본다는 점에서 내가 컨트롤되기보다 컨트롤하는 예배라는 생각이 들어요.

▲ 　많은 대형교회들이 예배당이 차면 다른 곳에 영상을 틀어 놓고 거기서 예배를 드립니다. 이것도 따지고 보면 미디어의 도움을 받아 예배드린다는 점에서 온라인 예배입니다. 어떤 분은 설교자와 예배자가 커뮤니케이션이 안 되는 예배는 예배가 아니라고 주장하기도 해요. 하지만 저는 하나님을 사모하는 마음으로 말씀 안에서 하나님과 소통하고 있다면, 그것은 예배라고 생각합니다.
다시 말해서 온라인이든 오프라인이든 신령과 진정으로 드리는가, 아닌가가 중요합니다. 예수님은 일주일에 한 번 드리는 것으로 나머지 일주일의 생활을 보상받는 외식을 폐하러

이 땅에 오셨습니다. 성전에서 살다시피 해도, 매일 기도한다 해도, 구제하고 금식해도, 그것이 하나님을 의식해서가 아니라 사람을 의식해서 한 행위라면 예배가 될 수 없다고 하신 겁니다.

빚을 내서라도 헌금하는 것이 올바른 것인가요?

● 제가 다니는 교회에서 돈이 없으면 빚을 내서라도 성전 건축 헌금을 하라고 강요합니다. 교회가 이래도 되는 건지, 올바른 헌금 생활은 어떤 것인지 궁금합니다.

▲ 헌금 생활이 늘 시험 거리가 됩니다. 기쁜 만큼만 드리면 좋은데 무리하다 보면 그런 상황이 생기지요. 하나님은 우리가 내는 헌금에 별로 관심이 없으십니다. 하나님은 영이신데 물질적인 돈이 왜 필요하겠어요? 다만 우리가 물질에 붙들려 사는 걸 안타까워하십니다. 우리가 헌금을 하는 이유는 물질에 붙들리지 않고 하나님을 더 우선순위로 사랑하기 위해서입니다.

그런데 헌금하다가 도리어 시험에 들고 하나님을 원망하게 되면 그건 헌금의 본질에서 아주 멀어진 거죠. 헌금해서 기쁘다면 그건 물질이 아니라 마음을 드린 겁니다. 하지만 헌금해서 기쁘지 않다면 그건 물질만 드린 거죠. 이 세상 만물이 주님의 것이라는 걸 인정한다면 헌금을 드리면서 내 것을 드린다는 생각이 없어야 합니다. 예수님이 당신 자신 전부를 주셔서 나를 구원하셨기 때문에 나도 전부를 드리겠다고 생각하면 문제가 없습니다.

●   빚을 내서라도 헌금을 해야 할까요?

▲   빚지는 일은 채주에게 묶이는 삶이 되는 것이기 때문에 성경적이지 않습니다. 주기도문에서 '우리의 죄를 용서해 달라'는 문장을 원어로 보면 '빚을 탕감해 달라'는 뜻이에요. 죄란 하나님께 빚지는 것이라고 보았기 때문에 이런 표현을 하는 거죠. 우리는 하나님께 묶여야지 사람에게 묶이면 안 됩니다.

그런데 자본주의 사회에서는 은행에 더 많은 빚을 질 수 있는 것이 능력처럼 통용됩니다. 하지만 은행에든 개인에게든 빚내서 사는 삶은 건강하지 않아요. 빚내서 건축한 성전을 저는 성전이 아니라고 말할 만큼 심각하게 생각합니다. 어떻게 성도들이 빚내서 낸 헌금으로 성전을 건축한단 말입니까! 교회가 그 빚을 갚아 줍니까? 성전이 반드시 필요하다면 1년 헌금 모아서 기초만 놓고 2년 모아서 2층 올리는 식으로 지으면 되지 않을까요?

우리 교회는 건물을 소유하지 않기로 했습니다. 현재 우리는 감사하게도 건물주의 배려로 월세 없이 예배를 드리고 있습니다. 하지만 어느 날 갑자기 마음이 바뀌어 나가라고 할 수도 있고 또 불가피하게 예배 처소를 옮겨야 할 수도 있습니다. 때문에 저희들은 언젠가 함께 모일 수 없거나 예배드릴 공간이 없게 되는 날을 대비해서 '뭇별예배'와 '시선예배'라는 이름으로 보다 적은 수의 공동체로 흩어져 예배드리는 훈련을 하고 있습니다. 열 명이든 다섯 명이든 흩어져서 예배드리는 초대교회적인 예배를 훈련하고 있는 겁니다.

예수님은 예루살렘 성전을 허물고 사흘 만에 다시 짓겠다 하셨습니다. 사흘 만에 짓겠다는 성전은 부활하실 예수님의 몸입니다. 따라서 약속하신 성령님이 우리 안에 계시면 우리가 성전이고, 우리가 머리 되신 예수님의 지체가 되면 우리가 곧 교회입니다. 건물이나 제도가 교회가 아닙니다. 이 사실을 놓치면 건물과 제도에 집착하게 되고 건물과 제도를 교회라고 착각하게 됩니다.

목사님께 잘해야 복 받는다는 말이 사실인가요?

● 목사님께 잘하고 교회 봉사 많이 하면 천국 가서 좋은 집에 산다는 부흥강사의 말이 사실인가요?

▲ 교회 안에서 일어나는 일만이 하나님의 일이라고 생각하지 마십시오. 하나님 나라는 온 세상을 포괄합니다. 그러니까 교회에 헌금하고 교회를 위해 봉사해야 상급받는다는 말은 우리가 따를 가치가 없는 얘기입니다.

하나님의 뜻은 교회가 흩어지는 것입니다. 어느 한 곳에 돈이 모이고 사람이 모이는 것을 하나님은 원하시지 않습니다. 그런데 실상은 어떻습니까? 교회가 점점 커지고 있습니다. 교회 규모가 커진다는 것은 세상과의 벽이 높아지고 있다는 것을 반영합니다.

이 세상은 사람을 많이 모으고 큰 조직을 만들고 시스템을 만들고 큰 건물을 만들고 내 이름이 커지고 내 힘을 과시하는 것을 좋아하지만, 하나님 나라는 절대로 큰 것에 관심이 없습니다. 하나님 나라는 작은 데, 낮은 데에 있습니다. 하나님 나라는 무기력한 데 있습니다. 그런 곳을 보살피는 것, 그것이 바로 하나님 나라의 일입니다. 그래서 하나님은 강한 것을 들어 약한 것을 섬기게 하시거나 부끄럽게 만드십니다.

우리 교회의 '시선 프로젝트'는 낮은 데, 작은 데, 무기력한 데를 돌보는 일입니다. 얼마 되지 않은 헌금을 성도들에게 나누어 주면, 성도들이 머리를 맞대고 고민하다가 열 배로 돈을 만들어 낮은 데로, 작은 데로 가서 나눕니다. 교회는 불과 20~30만 원을 나눠 줄 뿐인데, 그게 열 배 백 배가 되는 겁니다. 저는 이것이 교회가 헌금을 지혜롭게 쓰는 방법이라고 생각합니다.

교회와 목사한테 잘해야 천국 가서 큰 집 얻는다는 말을 정말로 믿으십니까? 얼마나 어리석은 말입니까? "높은 산이 거친 들이 초막이나 궁궐이나 내 주 예수 모신 곳이 그 어디나 하늘나라"라는 찬송가 가사도 있듯이, 하나님이 주신 것이 작은 집이라면 그걸로 행복할 수 있는 게 천국이라고 생각합니다. 사랑하는 이와 함께 사는데 월세면 어떻고 전세면 어떻습니까? 방 열 칸이라도 부부가 허구한 날 싸우는 집이라면 큰 집이 무슨 소용입니까? 큰 집이 아니라 사랑을 나누는 집을 만드시기 바랍니다.

교회의 권위와 질서는 어떻게 세워지나요?

● 　　교회의 권위가 특별한 것처럼 말하는 사람이 있습니다. 위계질서로 세워지는 세상과 달리 교회의 권위는 어떻게 세워지며 무엇으로 질서를 유지해야 할까요?

▲ 　　초대교회는 이방인이든 유대인이든 노예든 주인이든 남자든 여자든 전혀 차별 없이 예배를 드리는 공동체였습니다. 누구든 차별 없이 귀한 만남이 이뤄지는 곳이었습니다. 목사든 전도사든 간사든 형제와 자매로서 자기가 맡은 일을 하는 것이 교회의 질서입니다.

만일 교회가 이 질서 외에 다른 위계질서를 만들었다면 그것은 교회의 본질에서 벗어난 것이라고 생각합니다. 교회는 예수 그리스도 안에서 형제요 자매가 된 사람들의 모임입니다. 그것이면 충분합니다.

세상의 질서에는 위계가 있습니다. 세상은 그래야 잘 다스릴 수 있다고 믿습니다. 하지만 교회에는 위계가 없습니다. 그것이 교회의 본질이요 세상이 흉내 낼 수 없는 점입니다. 교회에는 아름다운 사랑의 교제와 나눔이 가득해야 합니다. 그런 교회에 하나님이 함께하신다고 믿습니다. 세상의 질서가 교회에 들어오는 순간 교회는 교회의 본질을 벗어나게 됩니다.

● 목회자는 일반 성도와 다른 영적 권위가 있다고 믿는 사람
이 많습니다.

▲ 그게 바로 영적 교만입니다. 사랑이 없으면 교만해
지고 사랑이 없으면 권위를 내세우게 됩니다. 권위는 사랑하
면 자연스레 생기게 되어 있습니다. 교회는 권력을 지향하지
않습니다. 다만 사랑하므로 권위가 생기는 거지요. 자녀를 극
진히 사랑하는 아버지를 자녀가 사랑하지 않겠습니까? 사랑
이 곧 질서를 이루는 곳이 교회입니다.

예수님도 섬김을 받으러 온 것이 아니라 섬기러 오셨다고
말씀하셨습니다(막 10:45). 심지어 당신의 목숨을 우리에게 주
러 오셨습니다. 예수님의 권위는 여기에서 생겼습니다. 목회
자의 권위 역시 겸손하게 섬기고 자기 생명을 내놓을 때 생
깁니다.

직장도 마찬가지입니다. 먼저 섬기고 자기 목숨을 아끼지 않
을 때 직장 내에서 권위 있는 자가 됩니다. 최근 언론계를 떠
난 후배를 만났는데, 그가 지난 30년 동안 몸을 아끼지 않고
일하고 섬긴 까닭에 후배들이 그를 존경해서 지금까지 찾아

온다고 합니다. 이제 직장을 떠났으니 아무런 이해관계가 없지만 후배들이 여전히 그를 사랑하고 존경하므로 만나기 원하는 겁니다. 그리스도인의 권위가 이런 데서 생긴다는 걸 잊지 마시기 바랍니다.

█ 비윤리적인 목사를 어떻게 검증할 수 있습니까?

● 　자신이 하나님께 쓰임 받고 있다고 말하는 거짓 목회자가 있습니다. 이런 비윤리적인 목사를 어떻게 분별할 수 있을까요?

▲ 　하나님이 쓰시는지 자기가 자기를 쓰는지 어떻게 압니까? 하나님이 쓰신다 한 적이 없는데 본인이 쓰임 받는다고 말할 뿐이지 않습니까? 사람은 10년은 두고 봐야 믿을 만한지 아닌지 알 수 있다고 합니다. 아니 10년으로도 부족하다는 사람도 있습니다. 믿을 만한 관계는 오랜 시간이 걸린다는 얘기입니다. 그런데 어떻게 스스로 성령의 사람이라고 주장하는 그 말을 덜컥 믿을 수 있습니까?

바울이 성령 인덱스를 주었습니다. 그 사람 안에 있는 이가 성령인지, 악한 영인지, 깨끗한 영인지, 더러운 영인지 알 수 있는 인덱스를 아홉 가지 주었습니다. 정말 '사랑'하나? 진짜 진정한 '기쁨'이 있나? '화평'케 하는 사람인가? 그 사람이 가는 곳마다 싸움이 일어나고 갈등이 일어난다면 성령의 사람일 리 없습니다. 진짜 오래 '참는가'? '자비'로운가? '선함'이 있는가? '충성'하는가? '온유'한가? '절제'할 수 있는가? 이 아홉 가지를 한순간에 검증할 수는 없습니다. 오랜 시간 지켜봐야 알 수 있습니다.

● 　　병을 낫게 하고 예언을 하는 것은 성령의 능력이 아닐까요?

▲　　성령의 능력 가운데는 분명히 병이 낫고 방언을 하는 능력이 있습니다. 하지만 그 능력이 반드시 성령의 능력은 아닙니다. 성령의 능력은 무엇보다 관계적인 능력입니다. 성품이 바뀌는 능력이에요. 그래서 그것은 시간이 걸리는 능력입니다. 점쟁이의 능력을 성령의 역사라고 하지 않습니다. 이 시대가 영적으로 혼란스럽다 보니 영적인 능력만 나타나면 열광을 하는데, 아홉 가지 성령 인덱스를 오랜 시간을 두고 검증하여 분별하시기 바랍니다.

━ 한인교회를 찾고 있는데 선택 기준이 궁금합니다

● 　　외국에 나와서 출석할 한인교회를 찾고 있습니다. 교회를 정할 때 무엇을 중요하게 생각해야 할까요?

▲ 　　예수님이 내 안에 오시면 내가 교회가 되는 겁니다. 예수님은 세상의 기준을 가지고 살아가는 사람들을 세상 밖으로 불러내 교회가 되게 하셨습니다. 그러므로 우리는 세상의 기준을 버리기로 결심한 사람들입니다. 내 안에 말씀이 없고 성령이 없으면 어디를 가나 불만이 많습니다.

내가 교회가 되어야 합니다. 나로 인해 말씀을 사모하는 모임이 생기고, 나로 인해 함께 복음을 전하는 공동체가 생겨야 합니다. 예수님을 더 많이 알게 되면, 예수님은 나를 교회 다니는 교인이 아니라 예수님과 동행하는 제자로 삼기 원하신다는 걸 알게 됩니다. 그러므로 여러분이 어느 교회를 다니느냐는 중요하지 않습니다. 집사인가 장로인가도 중요하지 않습니다. 각 사람이 교회가 되어 예수님의 제자로 살아야 합니다.

그럼에도 교회를 선택하는 기준을 한 가지만 말하라면, 말씀입니다. 성경 말씀을 기준으로 설교하고 봉사하고 헌신하나를 보는 것입니다. 설교 시간에 자꾸 세상 얘기, 정치 얘기, 돈 얘기한다면 곤란합니다. 이걸 판단하려면 무엇보다 우리가 말씀을 잘 알아야 합니다. 말씀을 알지 못하면 이단에 끌려가고, 말씀과 상관없는 설교를 진리로 믿어 버리게 됩니다. 한편, 외국에 나갔으면 외국 사회에 적응하는 노력이 필요합니다. 외국에서 말이 통하지 않으니까 말이 통하는 한인을 찾아 한인교회를 찾는 경우가 많은데, 그것도 필요하겠지만, 먼저 그 사회에 적응하는 노력을 더 많이 하기 바랍니다. 그리고 한인교회뿐 아니라 외국인 교회도 나가 볼 필요가 있습니다. 언어가 익숙지 않은 사람을 위해 통역도 해주고 여러모로 도와주려 하기 때문에 현지 적응에 더 큰 도움을 받을 수 있습니다. 여기저기 다녀 보고 교회를 선택할 필요가 있습니다.

초신자와 기신자의 차이는 무엇인가요?

● 교회에서 초신자와 기신자의 구분이 있을까요? 성도의 성숙도를 어떻게 가늠할 수 있을까요?

▲ 초신자는 나중에 온 사람이고 기신자는 먼저 온 사람입니다. 초신자, 기신자는 믿음의 성숙을 척도하는 기준이 아닙니다. 예수님은 "나중 된 자가 먼저 될 자가 많다"(마 19:30)고 하셨습니다. 오래 믿어도 제대로 안 믿는 믿음이 있고, 처음 믿어도 바르게 믿는 믿음이 있습니다.

그러므로 초신자냐 기신자냐보다 신앙이 바르냐 바르지 않느냐가 중요합니다. 예수님 시대에도 그랬지만, 기신자는 믿음이 기득권이 된 사람, 믿음의 감각이 두꺼워져 예민하지 않은 사람일 수 있습니다. 요한계시록에서 말씀했듯이, 뜨겁지도 차지도 않은 믿음을 가질 가능성이 높습니다(계 3:16).

우리 교회는 제직 직분을 따로 두지 않습니다. 직분의 역할이 필요 없어서가 아닙니다. 다만 신앙이 연륜에 비례하지 않으므로 그냥 형제요 자매이면 충분하다고 보기 때문입니다. 예수님이 어린아이와 같은 믿음이라야 하나님 나라에 들어갈 수 있다고 하셨듯이(눅 18:17), 처음 믿음이 중요하고 그

처음 믿음을 유지하는 게 중요합니다.

하나님이 우리를 부르신 까닭은 단지 우리를 구원하기 위해서만은 아닙니다. 우리를 통해 다른 누군가를 부르시려는 목적도 있습니다. 유대인을 먼저 구원하신 것은 그들을 통해 이방인을 구원하시기 위해서였습니다.

나 혼자 신앙, 내 만족 신앙에 집중하고 있다면 하나님의 또 다른 목적을 잊어버리고 있음을 알기 바랍니다. 주님을 만난 사람, 주님을 경험한 사람은 하나님의 마음으로 사람을 대하게 됩니다. 하나님이 오늘 나를 통해 누구에게 복음을 전하고 싶으신지, 누구에게 하나님의 존재를 드러내고 싶으신지에 자꾸 마음을 쓰게 됩니다.

목사님의 이중 직업을 어떻게 생각하나요?

● 재정이 넉넉하지 않은 교회의 목사님들이 자녀들을 위해 다른 일도 해서 돈을 벌겠다고 하니 성도들이 반대합니다. 목사님이 다른 일을 해도 되는 것일까요?

▲ 목회자든 성도든 교회 일은 거룩하고 세상일은 속되다고 생각해선 안 됩니다. 주님이 거룩하다고 한 것을, 깨끗하다고 한 것을 우리가 속되다고 해서는 안 되는 것이죠. 저는 텐트 메이커를 권장하는 편입니다. 목회자가 텐트 메이커를 하는 것은 두 가지 이점이 있다고 생각합니다.

첫째, 성도들의 삶을 이해할 수 있다는 점입니다. 돈을 직접 벌어 보지 않으면 성도의 고난과 삶의 애환을 제대로 알 수 없습니다. 둘째, 목회자는 돈보다 복음을 먼저 목적 삼기 때문에 일터가 곧 복음을 전하는 장이 될 수 있다는 점입니다. 교회에서 하는 목회보다 더 본질적이고 더 밀착된 목회를 할 수 있습니다. 다만 목회자가 세상에 나가 돈을 벌 경우, 성도들이 교회 일에 적극 동참해 줘야 합니다. 그러면 목회자 의존의 교회가 아니라 그리스도 의존의 교회가 될 수 있습니다. 이 시대를 품는 더 본질적인 교회의 대안이 될 수 있습니다.

교회에서 상처받은 친구가 있습니다

● 　　교회에서 상처받아서 사람을 만나기 싫다는 친구에게 어떻게 이야기해야 할까요?

▲ 　　운동선수가 경기 중에 꽈당 넘어지면 굉장히 아플 것 같은데 실제로는 통증을 별로 느끼지 못한다고 합니다. 상처에서 통각 시그널이 올라와도 중요한 경기를 마쳐야 하니까 스스로 차단해 버리기 때문입니다. 그렇게 경기를 마친 뒤에야 비로소 통증을 느낀다고 합니다. 이처럼 목표와 열정이 있는 사람은 웬만한 상처에도 끄떡하지 않습니다.

상처를 잘 받는 사람의 특징 중 하나가 과거지향적이라는 것입니다. 왜 과거지향적일까요? 미래에 대한 꿈과 비전이 없기 때문입니다.

그리스도인은 연단받아야 합니다. 더 큰 믿음을 소망한다면 연단받아서 단단해져야 합니다. 교회에 와서 상처받았다고 말하는 사람은 신앙이 그만큼 연약하다는 걸 고백하는 거라고 봅니다.

하나님이 아브라함에게 이삭을 제물로 바치라고 했을 때, 아브라함이 상처받았으면 그 길로 하나님을 떠났을 겁니다. 하지만 그동안의 연단을 통해 신앙이 성숙해진 아브라함은 끄떡없었습니다. 오히려 그 시험을 통과해서 믿음의 조상이 되었습니다. 우리가 상처라고 하는 것이 사실은 연단일 수 있습니다.

제가 평생 살아오면서 받은 상처가 얼마나 많았겠습니까? 70여 년간 받은 상처를 지금까지 갖고 있었다면 거기에 짓눌려서 한 발짝도 앞으로 나아가지 못할 겁니다. 하지만 제겐 비전이 있고 꿈이 있기 때문에 상처 따위에 감정을 소모할 시간이 없습니다. "하나님, 시험을 면제해 주지 마시고 이길 힘을 주세요." 이렇게 기도하면 끝나는 거예요. 하나님 나라는 미래에 완성될 비전입니다. 그리스도인은 미래지향적인 사람입니다.

하나님은 왜 아벨의 제사만 받으셨을까요?

● 하나님이 가인의 제물을 받아 주지 않은 이유가 무엇입니까? 하나님은 누구의 제사는 받고 누구의 제사는 받지 않으시는 분입니까?

▲ 하나님은 가인의 제물은 받지 않고 아벨의 제물은 받으셨습니다. 하나님이 육식 취향이라서 그랬을까요? 말씀을 자세히 보면 하나님이 '가인과 그의 제물'은 받지 않으시고 '아벨과 그의 제물'은 받으셨다고 합니다(창 4:4-5).

우리는 여기서 사람과 제물이 분리되지 않음을 알 수 있습니다. 하나님은 사람은 받지 않고 제물만 받으실 수 없습니다. 우리는 제물에 관심이 많지만 하나님은 사람에 관심이 많습니다. 그래서 먼저 사람을 받으시고 그 사람이 하나님이 받으시기에 합당할 때 그 제물도 받으십니다.

마찬가지로 하나님은 우리가 드리는 헌금만 받지 않으십니다. 헌금을 드리는 우리를 가장 먼저 주목하십니다. 우리가 드린 주일 예배가 168시간 중의 한 시간인데 그 한 시간만 하나님을 생각하고 나머지 시간은 하나님과 아무 상관없이 살았다면, 그런 우리를 하나님이 성도로 받아 주실까요?

로마 가톨릭의 면죄부가 이런 생각과 다르지 않습니다. 삶은 엉망이라도 큰돈 주고 티켓 하나 사면 죄를 용서받고 천국에 간다는 것이 면죄부입니다. 하지만 성경은 가인과 그의 제물을 받지 않으셨다고 분명하게 말씀하고 있습니다. 내가 드린 헌금, 헌신을 하나님이 받지 않으실 수 있습니다.

"믿음으로 아벨은 가인보다 더 나은 제사를 하나님께 드림으로 의로운 자라 하시는 증거를 얻었으니 하나님이 그 예물에 대하여 증언하심이라 그가 죽었으나 그 믿음으로써 지금도 말하느니라"(히 11:4).

아벨은 믿음으로 제사를 드렸기 때문에 하나님이 받으셨습니다. 제물은 믿음으로 드려야 합니다. 믿음으로 제물을 드리기 위해서는 믿음으로 삶을 살아야 합니다. 믿지 않는데 제물만 믿음으로 드릴 순 없습니다. 할 짓, 안 할 짓 가리지 않고 큰돈을 벌고는 그 돈을 하나님께 드렸다면 하나님이 기쁘게 받으실까요? 하나님은 믿음의 삶을 먼저 받으시는 분입니다. 우리가 일주일 동안 믿음으로 살다가 주일에 믿음으로 예배의 자리에 나올 때 하나님이 우리의 예배를 받으십니다.

Q 하나님이 받으시는 예배는 무엇인가요?

▲ 예배란 하나님이 내 인생의 중심에 있다는 태도를 드러내는 행위입니다. 내 안에 좌정하신 주님을 모시고 살 때 믿음의 삶을 사는 것이고 믿음의 예배를 드리는 것입니다. 삶도 예배이고 주일예도 예배입니다. 삶이 예배와 상관없다면 주일에 드리는 예배는 세리머니이거나 이벤트일 뿐입니다. 우리가 드리고 싶은 대로 드리는 것을 예배라고 부르지 않습니다. 하나님이 받으시고자 하는 것을 받는 것이 예배입니다.

"사울이 이르되 그것은 무리가 아말렉 사람에게서 끌어 온 것인데 백성이 당신의 하나님 여호와께 제사하려 하여 양들과 소들 중에서 가장 좋은 것을 남김이요 그 외의 것은 우리가 진멸하였나이다 하는지라"(삼상 15:15).

사울왕이 아말렉을 진멸하라는 하나님의 명령을 어기고 좋은 양과 소를 남겨 두었습니다. 그러면서 하나님께 제사드리기 위한 것이었다고 변명을 합니다. 이에 대해 사무엘은 이렇게 대답합니다.

"사무엘이 이르되 여호와께서 번제와 다른 제사를 그의 목소리를 청종하는 것을 좋아하심 같이 좋아하시겠나이까 순종이 제사보다 낫고 듣는 것이 숫양의 기름보다 나으니"(삼상 15:22).

이 말씀은 사무엘이 사울왕에게 이렇게 되묻는 것입니다. "당신은 제사를 드리겠다고 하는데 하나님이 그 제사를 기뻐할까요?" 하나님은 제사가 아니라 하나님의 음성에 청종하는 우리의 태도를 좋아하십니다. 예수님은 예배드리는 자가 어떠해야 하는지 다음과 같이 말씀하셨습니다.

"그러므로 예물을 제단에 드리려다가 거기서 네 형제에게 원망 들을 만한 일이 있는 것이 생각나거든 예물을 제단 앞에 두고 먼저 가서 형제와 화목하고 그 후에 와서 예물을 드리라"(마 5:23-24).

이웃과 화목하는 것이 예배드리러 교회에 오는 일보다 더 급한 일이라고 하십니다. 하나님은 우리가 드리는 예물이 아니라 이웃과의 관계를 더 중요하게 보십니다. 하나님의 나라는 어디에 있습니까? 어떤 예배를 드려야 합니까? 예루살렘에서 드려야 합니까, 아니면 그리심의 산당에서 드려야 합니까? 대형교회에서 드려야 합니까, 작은 개척교회에서 드려야 합니까?

예배는 '여기도 아니고 저기도 아니요 그리스도 안에' 있는 것입니다. 진리 안에 있는 것입니다. 성령 안에 머무르는 것입니다. 여러분이 교회에 있으면서 생각이 천 갈래, 만 갈래로 세상을 향해 있다면 그것은 예배의 현장이 아닙니다. 세상 한가운데 있지만 온 마음이 하나님을 향해 있다면 세상의 한가운데 거기가 예배의 현장입니다.

하나님이 가인과 가인의 제물을 받지 않으신 이유는 무엇입니까? 가인이 믿음과 상관없는 삶을 살았기 때문입니다. 어쩌면 아벨이 제사드리러 간다니까 따라나섰는지도 모릅니다. 남과 비교해서 만들어 내는 나의 열심을 하나님은 기뻐하시지 않습니다.

율법으로 신앙생활하려는 사람들이 있습니다

● 안식일을 잘 지키고, 십일조를 열심히 하며, 율법을 지키려는 종교적 열심이 때로 위험해 보입니다. 건강한 신앙의 척도는 무엇인가요?

▲ 안식일 규정은 사실 하시딤이라고 부르는 종교적인 열심을 가진 자들에 의해서 더욱 강화되었습니다. 이들은 바벨론 포로에서 돌아온 후 다시는 하나님의 뜻을 저버리지 말고 말씀대로 살자고 뜻을 모은 사람들로 나중에 바리새인이 된 사람들입니다.

바리새인들은 안식일 규정을 39개 규정으로 늘려서 보다 철저하게 지키려 했습니다. 여기서 더 나아가 39개 규정 하나하나마다 다시 6개의 세칙을 만들어 총 234개 규정을 지키도록 했습니다. 이 중에는 담이 무너져서 사람이 깔리면 죽었나 살았나를 확인할 수 있을 만큼만 돌을 들어내라는 규정도 있습니다. 죽었으면 안식일이 지난 다음에 치워야 하는 겁니다. 그러니 안식일 규정이 오히려 안식일을 잃어버리도록 만들 수밖에 없었습니다.

안식일을 지키자는 처음의 취지는 좋았지만, 결국 안식일을 기억함으로써 그 시간만큼은 거룩하게 지내길 바라는 하나님의 뜻과는 멀어진 겁니다. 예수님이 이 땅에 오셔서 안식일은 사람을 위하여 있는 것이지 사람이 안식일을 위해 있는 것이 아니라고 분명하게 하나님의 뜻을 가르쳐 주셨습니다. 이것은 지금도 여전히 마음에 새겨야 하는 가르침입니다.

신앙은 우리의 회복을 위해 필요한 것입니다. 그럼에도 신앙적 절차와 모양, 형식이 더 중요해졌다면, 하나님의 뜻과는 멀어지고 있는 겁니다. 하나님을 만나는 게 중요하지, 하나님을 어떻게 만나는가가 중요한 것이 아닙니다. 각자 신앙생활 중에 찾아야 하는 것이죠.

어떤 사람은 하나님을 만나는 본인의 방식을 모범답안인 것처럼 말합니다. 새벽예배 드리는 사람은 신앙인으로서 훌륭하고 그렇지 않으면 게으른 것으로 치부한다거나 일주일에 교회에 몇 번 나오는가를 신앙의 척도로 삼는다거나 하는 것이 그런 모습입니다. 새벽예배 드리고 교회를 제집처럼 들락거리는 것이 신앙의 척도가 된 사람은 본인처럼 하지 않는 사람은 성도도 아니라고 생각하게 됩니다. 이런 것이 자신을 의롭게 여기는 의분이라는 겁니다. 이 분노가 결코 '의로운'

분노는 아니지요. 율법으로 신앙생활을 하려는 사람은 바로 이 의분을 조심해야 합니다. 자신이 존중받지 못하는 것 같은 상황 때문에 일어난 분노를 '의로운' 분노라고 착각하기 때문입니다.

Q **그래도 율법의 역할이 있지 않나요?**

▲   율법은 중요합니다. 결코 가벼운 것이 아닙니다. 하지만 하나님을 향한 믿음보다 율법이 더 중요하다면, 하나님의 뜻보다 율법이 더 중요하다면, 그것은 하나님과 상관없는 율법입니다. 하나님보다 높아지려는 오만입니다. 신앙생활을 오래 한 것이 자랑이 되어선 안 됩니다. 새벽예배 드리는 것이 자랑이 되어선 안 됩니다. 이 자랑이 바로 자기를 높이는 것이요 다른 사람을 비난하는 잣대가 됩니다.

"인자는 안식일에도 주인이니라"(막 2:28).

이것이 신앙의 본질입니다. 우리의 신앙은 형식이나 겉치레가 아니라 본질을 살아 내는 것이어야 합니다. 주일 성수가 목적이 되는 신앙은 본질과 멀어진 신앙입니다. 십일조가 목적이 되는 신앙은 본질과 멀어진 신앙입니다. 교회의 주인은 하나님입니다. 교회의 머리는 예수님입니다. 교회를 운행하시는 분은 성령님입니다. 우리는 그저 예수님의 지체가 될 뿐입니다.

지금 내부적으로 시끄러운 교회가 있다면 이 진리를 잃어버렸기 때문입니다. 지체에 불과한 사람이 교회의 머리가 되어 운영을 하게 되면 교회가 시끄러워집니다. 교회는 삼위일체 하나님의 것이지 사람의 것이 아닙니다.

예수님은 사람들이 몰려와 병 고침 받기를 원하자 "내가 다른 동네들에서도 하나님의 나라 복음을 전하여야 하리니 나는 이 일을 위해 보내심을 받았노라"(눅 4:43) 하셨습니다. 예수님은 결코 한곳에 머물러 안주하시지 않았습니다. 한곳에 머무름으로써 기득권이 되는 삶을 사시지 않았습니다.

Q

3장

연약함

죄를 안 짓고 싶은데 계속 짓게 돼요

● 안 그래야지 하면서도 계속 죄를 짓게 돼요. 어떻게 하면 하나님께 용서받을 수 있을까요?

▲ 성숙한 신앙이란 죄를 짓지 않는 게 아니라 죄를 짓더라도 예민하게 자각하는 것이며, 죄로부터 돌이키는 시간이 짧아지는 것이라고 생각합니다. 우리는 온전한 존재가 아니기 때문에 완전무결할 수 없습니다. 다만 죄를 지었을 때 죄를 묵상할 게 아니라 하나님을 묵상해야 합니다. 자꾸 죄를 곱씹고 묵상하면 하나님과 멀어질 뿐입니다. 죄를 범했다 싶으면 하나님께 먼저 엎드리십시오. 죄를 곧바로 시인하는 것이 가장 빨리 회복되는 길입니다.

어린 시절, 부모님한테 거짓말 한번 했다가 그 거짓말을 숨기려고 또 다른 거짓말을 한 경험이 있을 겁니다. 죄는 숨기면 숨길수록 또 다른 죄를 짓게 되어 있습니다. 자꾸 죄를 짓다 보면 부모와도 관계가 나빠집니다. 우리 주님은 일흔 번씩 일곱 번이라도 용서할 준비가 되어 있는 분이십니다. 그러니 죄를 지었으면 숨기지 말고 주님께 털어놓으십시오. 내 죄를 시인하십시오. 하나님은 어떤 죄든 용서해 주십니다. 하나님의 은혜는 인간의 어떤 죄보다도 큽니다.

그런데 하나님이 그 죄를 돌이키기 위해 처방을 주실 때가 있습니다. 예전에 제가 어떤 사람과 너무 불편한 관계여서 하나님께 저 사람을 죽이든지 날 죽이든지 해달라고 기도한 적이 있습니다. 그러자 하나님이 그와 관계가 틀어진 계기가 된 사건을 기억나게 하셨습니다. 그래서 그날로 찾아가 내가 먼저 사과했었어야 하는데 그냥 넘어가서 미안하다고 용서를 구했습니다. 그날 이후 관계가 회복되었습니다. 하나님이 잘못을 한 그 사람한테 용서를 구하라 하시면 즉시 행하면 됩니다.

●   정직하게 내 죄를 인정하는 것이 쉽지 않습니다. 하나님한테든 사람한테든.

▲   저는 솔직하게 상대에게 내 감정을 털어놓은 적이 있습니다. "네가 나를 싫어하듯 나도 네가 싫다. 하지만 계속 기도했더니 하나님께서 이런 마음을 주셨다." 사람에게든 하

나님에게든 내 잘못을 시인하면 되는데 자꾸 숨기고 덮으려 하면 거기에 곰팡이가 피고 썩어서 냄새가 나게 됩니다. 우리 신앙이 능력을 잃고 위선적이 되는 이유도 이 때문입니다.

하나님께서 다윗이 남의 아내를 범한 데다 그 남편을 전쟁터에서 죽게 한 죄를 지었음에도 그를 '마음에 합한 자' 즉 의인이라 하신 것은 그가 죄를 고백하고 회개했기 때문입니다. 하나님 앞에서 숨기지 않았고 죄로부터 돌이켰기 때문입니다.

진정한 회개는 무엇인가요?

● 　　하나님께 회개하고 돌아서자마자 또 죄를 짓는 저를 발견합니다. 회개한 것이 맞는 걸까요? 진짜 회개는 무엇인가요?

▲ 　　회개하면 내가 숨 쉬면서 한 일이라곤 죄밖에 없다는 걸 깨닫게 됩니다. 처음엔 바위만 한 죄가 보이다가 그다음엔 주먹만 한 죄가 보이고 모래알같이 작은 죄가 보이다가 나중에는 햇살에 떠돌아다니는 먼지 같은 죄까지 보이게 됩니다. 사도 바울이 '나는 죄인의 괴수다'(딤전 1:15)라고 말한 이유가 이 때문입니다.

회개란, 세상의 가치관, 세상의 인생관, 세상의 세계관을 따라가다가 거기서 돌이키는 것을 말합니다. 어디로 돌이킵니까? 예수님께로입니다. 예수님을 알고 그분을 향해서 돌아서면 그게 회개입니다. 과거에 거짓말하고 사기 치고 남을 괴롭히던 죄를 후회하는 것은 회개가 아닙니다. 잘못한 사람에게 용서를 구하고 남의 돈 떼어먹은 것을 갚아 주는 게 회개가 아닙니다. 회개란 인생의 패러다임이 완전히 바뀌는 혁명과 같은 일이 내 삶에서 일어나는 것입니다. 그래서 회개란 예수님을 만나지 않고는 불가능합니다.

● 　　남의 돈을 떼어먹고도 예수님께 돌이켰으니까 안 갚아도 된다는 건가요?

▲ 　　아니죠. 예수님께 전적으로 돌이켰다면, 내 중심이 예수님께 향해 있다면, '이웃을 내 몸과 같이 사랑하라'는 말씀을 무시할 수 없습니다. 나한테 돈을 떼인 그 사람한테 미안하고 안타까워서 돈을 갚는 게 당연합니다. 과거에 누군가를 때려서 상처를 줬다면 그만큼 맞을 각오를 하고 찾아가 잘못을 빌며 그 사람의 상처를 어루만져야 합니다.

삭개오가 예수님을 만난 뒤 회개하고 토색해서 쌓은 돈을 사람들한테 돌려주었습니다. 저의 경우는 예수님을 만난 뒤 허구한 날 고래처럼 먹던 술을 딱 끊었습니다. 밤새 술을 마시던 제가 그 시간을 아내한테 주기로 결정했기 때문입니다. 술집으로 향하던 걸음을 예수님께로 돌린 겁니다. 입만 열면 거짓말하던 사람이 거짓말을 해야 할 상황이면 입을 닫습니다. 회삿돈을 개인적인 일에 슬그머니 쓰던 사람이 공과 사를 분명하게 구별하게 돼요.

이렇게 회개는 삶에서 구체적인 변화를 일으킵니다. 세상의 기준과 잣대로 살던 삶에서 돌이켜 그분의 부르심과 음성을 기준으로 살게 됩니다. 지금까지의 삶이 죄밖에 없다는 걸 깨닫고 나니까 더 이상 그 길로 가지 않게 되는 겁니다.

●   그렇게 돌이키는 것이 쉬운가요? 고통스럽진 않나요?

▲   돌이키는데 어떻게 고통스럽지 않을 수 있습니까? 죽을 것처럼 고통스럽죠. 그런데 죽을 것만 같은 게 아니라 진짜 죽어야 합니다. 사도 바울이 "나는 날마다 죽노라"(고전 15:31) 했습니다. 그게 쉬운 일이라면 한 번 죽고도 충분하지 않겠습니까? 그런데 날마다 죽는다고 합니다. 나는 죽고 내 안에 그리스도가 사셔야 합니다. 내가 죽지 않고 살아 있으면 패러다임을 바꿀 수 없습니다. 인생 전체를 수술하는 일이니 당연히 쉬울 리 없습니다.

용서가 안 되는 사람이 있습니다

● 　　　용서할 수 없는 사람이 있습니다. 그 때문에 마음이 늘 무겁습니다.

▲ 　　　어떤 사람은 주님 앞에서 눈물, 콧물 흘리며 "하나님, 저 그 사람 용서했습니다"라고 결정했는데도 막상 그 사람 얼굴을 보면 다시 원망스럽고 화나는 일이 생각난다고 합니다. 저도 이 문제 때문에 오랫동안 씨름을 했습니다. 그러다 신학교에서 교수님이 "하나님께 용서는 사건이지만, 사람에게 용서는 과정이다"라고 말씀하신 것이 큰 위로가 되었습니다.

예수님이 "일곱 번뿐 아니라 일곱 번을 일흔 번까지라도 용서하라"(마 18:22)고 하신 말씀이 그제야 이해되었습니다. 우리는 한 번에 용서할 능력이 없습니다. 그래서 일곱 번을 일흔 번이라도 용서하기로 결단해야 하는 거죠. 그러다 어느 순간 내 마음이 변하게 된 걸 깨닫게 됩니다. 용서가 된 것입니다.

● 성령님이 내 안에 살아 계셔도 왜 내 성품은 변하지 않는 거죠?

▲ 성령을 받았다고 해서 곧바로 삶이 변화되지는 않습니다. 열매를 맺기까지 시간이 걸립니다. 그 시간 동안 여전히 죄를 짓고 회개하고, 다시 죄를 짓고 회개하는 것이 우리입니다. 그러나 속도가 달라져요. 점점 더 죄를 돌이키는 시간이 짧아지는 것입니다.

성경은 "오직 성령의 열매는 사랑과 희락과 화평과 오래 참음과 자비와 양선과 충성과 온유와 절제니"(갈 5:22-23)라고 합니다. 성령의 열매는 모두 인간관계에서 나타나는 관계적 열매라는 것이 특징입니다. 그래서 성령 세례란 궁극적으로 인격적인 변화를 포함하는 것입니다. 예언하고 방언하고 치유하는 은사보다 중요한 것이 바로 인격적인 변화입니다.

● 인격적인 변화가 일어나면 모두 똑같은 성품을 갖게 되는 건가요?

▲ 아니죠. 이전에 우리는 다른 것을 틀리다고 인식해

서 서로 싸우지 않았습니까? 성령님이 오시면 다양성을 포용하고 그를 통해 통일성을 이뤄 낼 수 있습니다. 그게 교회입니다. 교회에는 같은 사람이 없습니다. 능력도 다르고 직업도 다르고 다 다르지만 그 다름을 인정할 수 있는 놀라운 능력이 생기게 됩니다. 세례는 개인의 구원 사건이지만, 성령 세례는 교회를 위한 사건입니다. 오순절 마가의 다락방에서 성령 세례를 받은 제자들이 교회가 된 것처럼 말입니다.

음욕을 다스리기가 힘듭니다

● 　　친척 중에 15년째 수행하고 있는 불교도가 있는데, 그가 이 세계는 음욕의 역사로 이루어졌다고 말했습니다. 목사님의 견해는 어떠신가요?

▲ 　　이 세상은 음욕의 역사다, 맞습니다. 음욕에는 여러 가지 뜻이 있어요. 성경적으로는 영적인 타락을 음욕이라고 합니다. 육신의 타락만을 말하지 않습니다. 정신이 타락하지 않은 채 육신만 타락하는 법은 없습니다. 정신은 영혼이 병 들지 않고는 타락하지 않습니다. 타락은 결국 영혼에 병이 들었다는 의미입니다. 그런데 영혼의 병은 그냥 치유되지 않 습니다. 때려서도 안 되고 감옥에 보내서도 안 되고 수행해 서도 안 됩니다.

빈 컵에는 공기가 가득 차 있습니다. 이 공기를 빼내려면 물 에 담가야 합니다. 컵이 물속에 잠기는 순간 그 안에 있던 공 기가 물속으로 빠져나옵니다. 음욕은 사랑에 잠길 때만 빠져 나갑니다. 다른 어떤 것으로도 빠져나가지 않습니다. 두려움 은 사랑에 잠길 때만 빠져나갑니다. 어린아이들은 어머니 품 에 푹 잠기면 두려워하지 않습니다. 아무 부족함이 없고 온

전한 평온을 누리게 됩니다.

어른이 되어도 마찬가지입니다. 부족감에 시달리고, 불안감에 시달리고, 불쾌감에 시달리는 것은 모두 내 안이 비어 있다는 증거입니다. 내 안의 부족에 시달린다는 것은 내 영혼이 가난해졌다는 의미입니다. 이 가난을 채우기 위해 우리는 흔히 서로 뺏고 빼앗기는 이전투구를 하게 되고 사랑을 갈구하게 되고 심지어 결혼으로 그 허전함을 채우려고 합니다. 하지만 이 부족감은 사람으로도 물질로도 채워질 수 없습니다. 이 부족감을 채울 수 있는 분은 오직 하나님밖에 없습니다.

아내에게 사랑받기 위해 아무리 잘해 줘도 아내는 더 잘해 달라고 요구할 겁니다. 사랑받기 위해 남편을 아무리 섬겨도 남편은 더 섬기라고 요구할 겁니다. 사람으로는 채워지지 않습니다.

Q 음욕에 시달리지 않으려면 어떻게 해야 합니까?

▲ 예수님은 이토록 부족감에 시달리는 인간을 채우기 위해 이 땅에 오셨습니다. 우리 안에 예수님의 사랑이 가득 차면 우리는 더 이상 남의 것을 탐내거나 더 사랑받으려고 요구하거나 애쓰지 않게 됩니다. 그 사랑이 나를 메우면 더

이상 음욕에 시달리지 않게 됩니다. 그래서 저는 젊은이들에게 음란 사이트에 접속하지 않으려고 애쓰지 않아도 된다고 말해 줍니다.

아무리 접속하지 말라고 잔소리해도 순간 충동에 이끌려 들어가는 걸 막을 도리가 없습니다. 한번 중독되면 빠져나오기 정말 힘듭니다. 다만 정말 사랑하면 중독도 끊어 낼 수 있습니다. 목숨까지 아깝지 않을 만큼 사랑하는 대상을 위해서라면 음란 사이트도 끊을 수 있고 게임 중독도 끊을 수 있습니다.

만일 지금 뭔가 부족하다고 느낀다면, 하나님과 접속되어 있지 않다는 뜻으로 이해해야 합니다. connected가 아니라 disconnected 상태인 거죠. 이 상태를 빨리 바로잡지 않으면 우리 인생 전체가 바이러스에 감염되어 버립니다. 어쩐지 불안하다, 뭔가 부족하다 느낄 때 민감하게 대응해야 합니다. 하나님과 접속해야 하는 것입니다.

＿ 예수님을 믿어도 여전히 죽음이 두렵습니다

● 　　예수님을 믿으면서도 죽음을 생각하면 여전히 꺼림칙하고 무섭습니다.

▲ 　　이 죽음의 문제를 해결하지 않으면 우리의 믿음은 가짜 믿음이 되고 맙니다. 죽음은 두려움의 대상이 아니라 기대되는 것이어야 합니다. 영원으로 들어가는 관문이니까 그렇습니다. 새집을 사서 이사 가면서 고통스러워하는 사람은 없습니다. 작은 집에서 살다가 조금 더 큰 집으로 이사 가는 것만 해도 너무 설레고 기쁜데 이 땅의 장막 집을 허물고 영원한 거처로 가는 죽음이 어떻게 슬프다고 마냥 울기만 할 수 있습니까? 물론 감정적으로 이별의 슬픔을 억누르기가 힘들지만 그것과 비교할 수 없이 큰 소망으로 극복하는 것이지요. 그래서 저는 기독교의 장례 문화가 바뀌어야 한다고 생각합니다. 지금은 불교식, 유교식, 샤머니즘식이 복잡하게 얽힌 장례 문화입니다. 우리는 탄식하고 슬퍼할 게 아니라 춤을 추며 기뻐해야 합니다. 이 장례 문화를 기독교식으로 바꾸면 세상에 영향력을 갖게 될 것이라 믿습니다. 가장 아름답고 기쁜 장례 문화를 만들면 세상이 감동할 것이라 믿습니다.

저는 저의 장례식에서 부를 찬송가를 미리 정해 놨습니다. 어떤 분은 자신이 죽기 전에 장례식을 가졌다고 합니다. 죽기 전에 보고 싶은 사람들 만나 오해가 있다면 해명하고 잘못이 있다고 용서를 구하고 마지막으로 서로를 축복하는 기도로 마무리했다고 합니다.

●   저는 남들보다 유난히 오래 살고 싶습니다. 죽은 아벨보다 산 가인을 더 원합니다. 이것이 그리스도인의 자세라 할 수 있을까요?

▲   분명히 말씀드리면 장수가 목적인 삶은 그리스도인의 자세가 아닙니다. 죽음을 사모하지 않는 것은 그리스도인의 자세가 아닙니다. 우리는 오래 사는 것을 사모할 것이 아니라 어떻게 죽을 것인가를 꿈꿔야 합니다. 그리스도인은 노후대책이 아니라 사후대책을 마련해 놓고 살아야 합니다

영적 무기력에 빠졌습니다

◉ 영적 무기력에 빠지게 되면 죄책감부터 듭니다. 어떻게 해야 하나요?

▲ 영적 무기력은 우선 누구에게나 오기 때문에 죄책감을 가질 필요가 없습니다. 유명한 선수들도 슬럼프라는 게 있습니다. 부부가 좋은 관계로 살았어도 영적 무기력에 빠질 수 있어요. 엘리야도 영적으로 완전히 무기력해져서 차라리 죽여 달라고 했습니다. 그때 하나님은 엘리야를 그냥 먹이시고 쉬게 하셨습니다.

어느 유명한 영성가가 무기력에 빠져서 영적 멘토에게 의논을 했더니 그냥 무조건 자기한테 와서 쉬라고 했답니다. 호숫가 집에서 2주 동안 아무것도 하지 않고 무조건 쉬었더니 회복이 되었다고 해요. 누구한테나 쉼이 필요한 겁니다.

영적으로 무기력감에 빠졌을 때, 가장 먼저 할 일은 그럴 수 있다고 인정하는 겁니다. '어떻게 나한테 이런 일이 일어나지?' 하지 마십시오. 누구한테나 일어날 수 있는 일입니다. 그런 다음 어떤 터널이든 끝이 있다는 걸 아는 겁니다. 영원한 무기력은 없습니다.

● 무기력이 태만으로 비칠 수 있지 않을까요? 어떻게 구별해야 할까요?

▲ 영적인 나태함이나 게으름은 버릇입니다. 어려움이 생기면 뚫고 지나가기보다 숨고 사라지는 것으로 회피하는 사람들이 있습니다. 흔히 잠수라고 하는데 이것도 버릇입니다. 자꾸 피하려 들면 그것이 습관이 되고 그 습관은 내면에 깊은 패배감을 안겨주게 됩니다. 믿음은 상황에 지배되는 것이 아니라 상황을 지배할 수 있는 능력입니다. 어려우면 어려운 대로 감내하고 그 어려움을 장애물이 아니라 디딤돌로 바라보는 노력, 이것이 믿음이고, 이것이 습관이 되도록 해야 합니다. 그러므로 그리스도인은 핑계하지 않습니다.

저는 콤플렉스가 많아요

● 　　　나의 부족함, 장애와 묶임에서 벗어나고 싶어요. 목사님도 야곱과 같은 장애를 갖고 있나요?

▲ 　　　한두 가지가 아닙니다. 눈도 나쁘고 옛날에는 엄청 난 곱슬머리여서 '모베르트'라는 별명도 얻었습니다. 모차르 트, 베토벤, 슈베르트를 합친 말이죠. 외모는 물론 여러 가지 부족한 점 때문에 콤플렉스가 많았습니다. 하지만 예수님을 만난 뒤 내가 장애라고 여기는 것은 전혀 장애가 아니라는 걸 알았어요.

예수님을 만난다는 건 내가 묶인 것들로부터 자유해진다는 의미입니다. 구원이란 묶인 것들로부터 풀려나는 것입니다. 특히 죄책감만큼 우리를 무겁게 하는 게 없습니다. 그 죄책 감으로부터 풀려나면 다시는 죄짓고 싶지 않게 됩니다. 자유 함, 놀라운 기쁨을 알게 되었기 때문입니다.

세상이 주는 쾌락과 즐거움은 우리를 속박합니다. 마약, 알코 올, 도박을 좇다 보면 거기에 묶이게 됩니다. 돈도 마찬가지 입니다. 그걸 추구하면 절대 자유롭지 않습니다. 영국 해러즈 백화점의 회장이 돈으로 해결하지 못할 게 없다고 믿고 살았는데 말년에 돈으로 해결할 수 없는 한 가지가 있다는 걸 알았다고 합니다. 그건 바로 '의미를 발견하는 일'이라는 것입니다. 원하는 건 다 가졌지만, 그게 과연 무슨 의미가 있는가라는 질문에 봉착했을 때 돈이 만능이 아니라는 걸 깨달았다는 겁니다. 우리 마음속에는 하나님만이 채울 수 있는 공간이 있습니다. 이것을 깨달을 때 새로운 차원의 인생을 살게 됩니다.

눈에 보이는 장애는 사실 장애가 아닙니다. 더 큰 장애는 눈에 보이지 않는 장애입니다. 그중에서도 하나님을 모르는 장애가 가장 큰 장애입니다. 예수님을 모르는 장애보다 더 큰 장애는 없습니다. 예수님을 믿기로 결단하는 것보다 더 좋은 선택, 더 위대한 행동은 없습니다. 가장 위대한 분을 아는 것이 가장 위대한 인생의 시작입니다.

절제하고 싶은데 번번이 실패합니다

● 　　절제하는 삶을 살고 싶은데 계속 실패하는 내가 싫습니다. 무엇이 문제일까요?

▲ 　　신앙 안에서 상당히 분투하시는 분이네요. 맞습니다. 우리가 잘 넘어집니다. 이제 섰을까 하지만 곧 넘어지기 일쑤입니다. 그래서 인생이 고통스럽습니다. 그런데 계속 실패만 한다면 그 원인을 찾아내야 합니다. 지향하는 목적이 흐려졌기 때문일 수 있으니까요.

아내를 정말 사랑하면 집에 돌아가는 것이 힘들지 않습니다. 귀가 시간이 오히려 기다려집니다. 하지만 더 이상 아내를 사랑하지 않으면, 집에 들어가는 게 힘들어집니다. 그러다 귀가에 실패하는 일이 생깁니다. 계속 귀가에 실패한다면 문제가 심각해진 겁니다. 절제하는 게 힘들다고 했는데, 사실은 절제에 실패한 게 아니라 관계에 실패한 게 아닐까요? 이것은 더 나아가 목적에 실패했다고 할 수 있습니다.

아이들이 게임에 빠지면 절제하지 못합니다. 아무리 나무라도 소용이 없습니다. 집을 나가서라도 게임을 합니다. 그런 아이가 게임을 멈추었다면 무슨 일이 일어난 걸까요? 게임보다 더 눈을 번쩍 뜨이게 하는 뭔가를 발견했기 때문입니다.
하지 말라고 입 아프게 잔소리해서는 게임을 멈추지 못합니
다. 게임보다 더 흥미로운, 더 관심을 끄는 걸 소개해야 합니
다. 그런데 사실 아이가 절제하지 못하는 근본적인 원인은
목적을 잃었기 때문입니다. 절제에 실패하는 게 아니라 목적
에 실패했기 때문입니다.

그런 점에서 절제에 실패했을 때 우리가 할 일은 "주님 제게
소명을 주십시오"라고 기도하는 것입니다. 기꺼이 목숨을 바
쳐도 아깝지 않은 사명을 발견하게 해달라고 기도해야 합니
다. 소명은 콜링입니다. 목숨을 달라고 부르는 겁니다. 소명
을 받은 사람들은 사명의 길을 가는 것이고 사명이란 내 목
숨을 쓰는 일입니다. 소명을 먼저 받아야 합니다. 나를 따르
라. 복음을 전하라. 가라, 가서 모든 족속으로 제자를 삼으라.
이런 부름을 받아야 하는 것입니다.

그 부름이 확실하면 시간을 쓰는 것, 돈을 쓰는 것, 재능을 쓰
는 것, 심지어 목숨을 드리는 것도 아깝지 않습니다. 저는 여
러분이 이 콜링을 확실히 붙잡았으면 좋겠습니다. 나는 뭘
해도 시들합니다, 난 뭘 해도 흥미가 없습니다 한다면 그럴

수록 더 분명한 것을 붙들어야 합니다.

내 인생 전체를 맡겨도 좋을 이는 하나님이지 사람이 아닙니다. 자녀의 인생을 책임지겠다고 생각하십니까? 부모가 자식의 인생을 책임지려고 할수록 그 자녀는 수렁에 빠지게 될 것입니다. 자녀를 책임지는 것은 하나님입니다. 그 하나님으로부터 부르심을 받도록 돕는 것, 이것이 부모의 역할입니다. 사랑한다면 자녀가 콜링을 발견하도록 도와야 합니다.

분노를 컨트롤하기가 어려워요

● 　　화가 치밀어 오를 때 내 안의 분노를 컨트롤하지 못하겠어요. 어떻게 해야 할까요?

▲ 　　인류 최초의 살인자 가인에게 하나님이 이렇게 경고하셨습니다.

"죄가 문에 엎드려 있느니라 죄가 너를 원하나 너는 죄를 다스릴지니라"(창 4:7).

인터넷을 뒤지면 화를 다스리는 방법이 수백 가지나 나옵니다. 수를 세라, 심호흡을 해라, 명상을 해라…. 그러나 그리스도인이 가장 먼저 해야 할 것은 하나님과의 관계가 건강한가부터 따져 보는 일입니다. 이것이 화를 다스리는 첫 단추입니다.

가인이 자신의 제사를 받지 않는 하나님께 화가 났을 때, 하나님과 건강한 관계였다면, 제일 먼저 무엇부터 했을까요? "왜 내 제사는 받지 않는 겁니까?" 섭섭한 마음을 하나님께 드러내는 것입니다. 정직하게 자신의 감정을 드러내야 하는 겁니다. 하지만 가인은 그러지 않았습니다. 하나님께 품은 섭섭한 마음을 가장 약한 대상인 아우에게 풀어 버렸습니다.

화가 날 때 세상을 탓하고 사람을 탓하는 사람들의 모습입니다. 비겁한 거죠. 차라리 세게 얻어맞더라도 하나님께 직접 섭섭한 마음을 표출했다면 적어도 살인은 하지 않았을 겁니다. 용감하게 자기감정과 직면했다면 거기서 깨닫는 것이 있었을 겁니다.

동일한 사건을 겪어도 어떤 사람은 분노하고 어떤 사람은 분노하지 않습니다. 어떤 사람은 화를 드러내고 어떤 사람은 화를 다스리는 것입니다. 그런 점에서 화를 내는 건 사실 바깥에 원인이 있다기보다 내 안의 문제일 수 있습니다. 결국 내가 바뀌지 않으면 이 분노의 문제를 해결할 수 없는 것입니다.

일반적으로 분노가 넘기 힘든 장애물이 자존심입니다. 그래서 저는 먼저 여러분의 자존심이 산산조각 나기를 축복합니다. 그 어떤 것보다 자존심이 무너져야 화가 덜 나기 때문입니다. 이 자존심 때문에 가인은 살인까지 저질렀습니다. 죄가 문에 엎드리고 있다가 우리가 자존심에 걸려 넘어졌을 때 재빠르게 낚아채는 것입니다.

● 　하지만 자존심이 무너지면 내 정체성도 무너질 것 같아요.

▲ 　자존심이 깨어지려면 그분이 나 때문에 죽었다는 사실이 믿어져야 합니다. 나 때문에 십자가를 졌다는 사실이 믿어지면 어떤 것도 시험이 될 수 없습니다. 십자가에 못이 박혀 걸린 자가 예수님이 아니라 나라고 상상해 보십시오. 그렇게 비참하게 죽은 자가 나라고 상상해 보십시오. 예수님이 십자가를 지심으로 내 생명이 보전되었다는 걸 알면 더 이상 자존심을 내세울 수 없습니다. 나를 묵상할수록 자존심이 강해지고 십자가를 묵상할수록 내가 소멸됩니다. 예수님이 당신의 생명을 던져 나를 살리셨습니다. 단지 사랑하기 때문에요. 그 사랑이 내 안에 차오르면 분노가 쫓겨나가게 됩니다.

타고난 게으름을 탈피하는 게 힘들어요

● 게으른 삶을 탈피하고 성실하게 열심히 살고 싶은데 타고난 걸 바꾸기가 쉽지 않아요. 어떻게 해야 할까요?

▲ 사랑하면 열심을 다하게 됩니다. 누구를 사랑하는데 게으르다? 사랑하지 않아서 게으른 겁니다. 사랑하면 부지런해집니다. 마찬가지로 하나님을 사랑하면 게으를 시간이 없습니다. 그러므로 뭔가 더 하려고 애쓸 필요가 없습니다. 단지 하나님을 더 사랑하면 됩니다.

영어 단어 'passion'은 열정이라는 뜻도 있지만 고난이라는 뜻도 있습니다. 많은 사람들이 이 고난이 두려워서 열정을 갖지 않으려 합니다. 하지만 사랑하면 고난이 두렵지 않습니다. 고생이 힘들지 않습니다.

부모가 자식을 양육하는 일은 정말 힘든 일입니다. 하지만 부모는 자녀 양육을 고생으로 여기지 않습니다. 고난으로 여기지 않습니다. 사랑하니까요. 기저귀 갈아주면서 얼굴 찌푸리지 않습니다. 오히려 남들은 냄새가 역하다고 코를 막지만 엄마는 그 냄새까지 사랑스러워합니다.

그러니까 사랑하면 됩니다. 더 열심히 살 필요가 없습니다.

하나님을 사랑하면 노력하지 않아도 성실하게, 열심히 살게 됩니다. 지금 그렇지 않다면, 당신은 사랑할 대상을 잃은 상태입니다. 하나님을 향한 사랑이 식은 겁니다. 다시 사랑하면 됩니다. 사랑하면 눈에 불이 붙습니다.

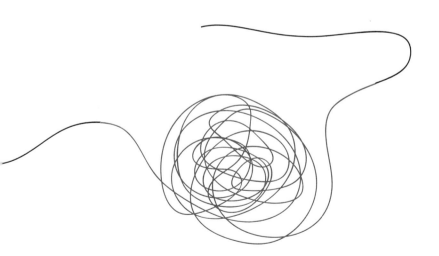

자주 짜증 나고 화나고 불안합니다

● 　요즘 자주 짜증 나고 화가 나고 불안합니다. 이유가 무엇
이며 어떻게 해야 할까요?

▲ 　화가 나고 짜증 나고 불안한 이유는 기쁨을 잃었기
때문입니다. 주님 안에서 누리는 풍성한 기쁨을 놓쳐 버렸기
때문입니다. 그래서 우리 신앙의 바로미터는 기쁨입니다. 기
쁨을 누리느냐, 잃었느냐가 바로 우리 신앙을 점검하는 기준
이 되는 겁니다. 기쁜 일이 없습니까? 신앙에 병이 든 까닭입
니다. 어떤 환경이든, 어떤 상황이든 그리스도 안에 있는 사
람은 항상 기뻐합니다.

로마 감옥에 갇힌 사도 바울이 사람들에게 "내가 다시 말하
노니 기뻐하라"(빌 4:4)고 말했습니다. 기쁠 일이 없을 것 같은
바울이 기뻐하라고 말한 겁니다. 사도 바울이 위대한 것은
그가 소아시아에 많은 교회를 세웠기 때문도 아니요, 세계로
다니며 복음을 전했기 때문도 아닙니다. 바울의 위대함은 그
의 삶이 신앙과 일치했다는 데 있습니다. 바울이 사람들에게
'기뻐하라'고 말한 것은 그가 주 안에서 기뻐했기 때문입니
다. 감옥에 갇힌 신세였지만 바울이 속한 것은 그리스도 안

이었습니다. 그랬기에 그는 어떤 환경이나 상황에서도 기뻐할 수 있었습니다.

그렇다면 우리가 기뻐하지 않는 이유는 무엇일까요? 그리스도가 아니라 세상에 속했기 때문입니다. 우리는 세상을 떠나서는 살 수 없습니다. 그 세상은 때로 우리에게 고난을 안겨주고 박해와 조롱을 일삼지만 그럼에도 세상 안에서 살아야 합니다. 하지만 우리가 속한 곳은 그리스도 안입니다. 세상속에서 살아가지만 우리의 소속은 그리스도입니다. 그리스도인이 세상을 이기는 비결이 바로 여기에 있습니다.

우리는 승려들처럼 깊은 산속에 들어가 면벽 좌선하거나 수도사처럼 수도원에 들어가 깊은 묵상을 하면서 신앙생활을 하지 않습니다. 우리는 시끄러운 세상 속에서 가족과 이웃을 챙기면서 신앙생활을 합니다. 회사에서 굴욕적인 일을 당해도, 사춘기 자녀가 속을 썩여도, 사고 치는 가족들 뒷수습하느라 마음이 복닥거려도, 힘들게 하는 이웃 때문에 마음이 상해도, 우리는 그 속에서 평안을 찾습니다. 이것이 그리스도인의 능력입니다. 이 평안을 위해 주님이 오셨습니다. 바울이 감옥에 갇히고서도 여전히 기뻐할 수 있었던 이유도 여기에

있습니다. 그러므로 바울이 어디서나 맛보았던 그 기쁨을 찾
아 누리시기를 바랍니다.

그리스도인 동료가 밉고 질투가 납니다

Q 함께 일하는 그리스도인 자매가 너무 밉고 질투가 나서 힘이 듭니다. 어떻게 해야 할까요?

A 자기가 알고 있는 그리스도인 같은 사람이 될까 봐 교회에 절대 가지 않겠다는 사람이 꽤 있습니다. 그래서 저는 특히 사업하면서 "나는 ○○교회 장로입니다"라고 말하는 사람은 절대 믿지 말라고 말합니다. 비즈니스 자리에서 굳이 그리스도인이라고 밝히는 이유가 뭘까요? 정정당당하게 거래할 마음이 없는 것 아닙니까? 나 그리스도인이니까 믿어 줘, 나 그리스도인이니까 호의를 베풀어 줘 하는 것 아닙니까? 믿을 만한 사람이 되어야지 그리스도인이니까 무작정 믿어 달라는 건 어불성설입니다.

직장에서 같은 그리스도인 때문에 시험에 든 경우, 제가 할 수 있는 대답은 오직 한 가지입니다. '기도하라'입니다. 밉고 질투가 난다면 그 사람을 위해 기도하라는 사인으로 이해하면 됩니다. 그 사람 때문에 눈물이 날 때까지 기도해야 합니다. 단언하건대, 한 달이든 두 달이든 아침마다 그 사람을 붙들고 기도하면 그런 일이 일어납니다. 그리고 더 놀라운 것

은 어느 날 그 사람이 나를 찾아와 사과하는 일도 일어난다
는 겁니다. 저는 실제로 그런 경험을 했습니다.

미움과 시기심에 붙들리면 망합니다. 내가 망가집니다. 그 대
표적인 인물이 사울왕입니다. 백성이 "사울이 죽인 자는 천
천이요 다윗은 만만이로다"(삼상 29:5)라며 다윗을 높이자 사
울왕은 질투심에 사로잡히더니 결국 비참한 말로를 맞게 되
었습니다. 그러므로 시기심과 미움이 생기면 그 사람에 대한
미움이 사라질 때까지 기도하십시오. 그것이 그리스도인입
니다.

처음에는 솔직하게 기도하세요. "저 사람 망하게 해주세요."
그러다 보면 기도의 내용이 바뀌게 되고 계속 기도하면 내가
바뀌게 됩니다. 내가 바뀔 때까지 기도해야 합니다. 목숨을
걸고 기도해야 합니다. 세상적 능력을 갖기 위해 목숨을 걸
지 않고 한 사람을 품기 위해 목숨을 거는 것, 그게 그리스도
인의 능력입니다.

어떤 유명한 목사님이 세미나인가 집회에 갔다가 설교를 했
습니다. 박수를 많이 받고 기분이 좋았습니다. 그런데 문제는
그 목사님 다음에 설교한 사람은 더 많은 박수를 받았다는
것입니다. 그 순간 질투가 나서 속이 좋지 않더랍니다. 급히
숙소로 돌아간 목사님이 통곡하며 기도했습니다. "주님, 제
가 어쩌자고 아직도 이 모양입니까? 목사가 이런 마음을 가

져서야 어떻게 목회를 한단 말입니까?" 이런 씨름이 있을 때 우리는 성장하고 성숙해집니다.

"그 사람 안 보면 그만이죠." 그건 세상의 방식입니다. "잘라 버리면 그만이죠." 그것은 그리스도인이 할 일이 절대 아닙니다. "교회 바꾸면 되죠." 이런 사람이 교회에 많으니까 교회 분쟁 때문에 변호사들의 일감이 줄지 않는다는 얘기가 나오는 겁니다.

기도하십시오. 계속 기도하면 담대함이 생깁니다. 그래서 어느 날 그 사람을 찾아가 이런 말을 할 수 있게 됩니다. "내가 당신을 미워했다. 미안하다. 용서해 줘라." 얼마나 멋있습니까. 그리스도인의 능력은 자신과는 치열하게 싸우고 남과는 화해와 화목을 자처할 때 나온다고 믿습니다.

주변 사람을 자꾸 판단하고 정죄하게 됩니다

● 저는 신실한 사람이 되고 싶은데 주변에 그렇지 않은 사람을 보면 자꾸 판단하고 정죄하게 됩니다. 나를 어떻게 다스려야 할까요?

▲ 신앙이란 판단으로부터 자유해지는 것입니다. 창세기에서 나타난 원죄란 사람이 하나님처럼 되는 것입니다. 사람이 하나님처럼 되면 다른 사람을 판단하고 비판하고 정죄하게 됩니다. 그것으로 끝나지 않습니다. 다른 사람을 통제하고자 하는 욕구가 생깁니다. 내 마음대로 타인을 조종하고 싶어 합니다. 그걸 우리는 권력의지라고 부릅니다. 권력의지란 죄인의 가장 큰 속성입니다. 그러므로 죄성으로부터 자유해지려면 가장 먼저 판단하는 버릇에서 자유해져야 합니다. 직장에서 꼭 그런 못된 인간을 만나지 않습니까? 그런 사람이 우리 눈에 띄게 하시는 이유가 뭘까요? 그 사람하고 싸우라는 게 아닙니다. 피하라는 것도 아닙니다. 그 사람 놓고 한 달간 씨름해 보십시오. 그 사람이 변하든지 내가 변하든지 둘 중 하나입니다. 나의 신실함은 그 사람을 판단하고 비판하는 것이 아니라 "하나님, 저 사람도 구원해 주십시오. 저 사

람도 주님의 사람 아닙니까?" 이렇게 올려 드리는 것입니다.
우리가 그렇게 신실해지기로 결정하면 하나님은 우리에게
독특한 믿음 사건을 경험하게 하십니다. 우리가 하나님을 전
적으로 신뢰하고 나아가면, 하나님은 우리의 믿음이 드러날
수 있는 사건을 주십니다. 하나님은 우리를 일방적으로 사랑
하기로 결정하셔서 구원을 베푸시는 신실한 분이기 때문입
니다.

신실한 그리스도인이 되고 싶습니까? 그렇다면 하나님을 더
깊이 알기를 소망하십시오. 그분을 아는 만큼 그분의 신실함
을 덧입게 될 것입니다. 그분을 묵상하고 그분의 말씀을 깊
이 따르려고 애쓰는 만큼 신실해질 것입니다.

하나님을 사랑하지만 늘 두렵고 불안해요

● 　　분명 하나님을 사랑하는데, 세상에 대한 걱정과 염려가 너무 많아서 무섭고 불안해요.

▲ 　　저는 이분에게 성령 세례가 임하기를 원합니다. 생명이 내 안에 잉태되지 않고서는 해결되지 않는 문제입니다. 생명이 잉태되면 나보다 생명이 더 소중하다는 것을 알게 되고, 그러면 갈등하지 않게 됩니다. 무언가 아끼는 것이 생기면 사랑이라 하지 말고 좋아한다고 말합시다. 사랑은 한 분만 하면 됩니다. 그 한 분만 사랑하면 나머지는 자연스럽게 정리됩니다.

두 마음이라고요? 두 마음은 정함이 없는 마음입니다. 그러니 마음을 정해야 합니다. 나는 하나님의 것입니다, 나는 하나님의 사람입니다, 이것을 정해야 합니다. 그리고 날마다 선포해야 합니다. 날마나 선포하는 것은 대적기도와 다르지 않습니다. 우리의 생각을 통해 끊임없이 들어오는 가라지를 물리치는 거니까요.

너 왜 바보같이 그러고 사니, 왜 너 당하니, 왜 손해 보니… 끊임없이 가라지가 생각을 통해 침투해 올 때, 하나님이 나를 최선의 길로 인도하신다, 하나님이 내게 최선을 주신다, 라고 선포하는 겁니다. 이 담대한 선포가 여러분을 능력의 사람으로 변화시킵니다.

신앙이란 거저 자라고 거저 성숙해지는 게 절대 아닙니다. 오히려 신앙은 내 전부를 거는 일입니다. 내가 포기한 만큼이 내 믿음이에요. 아무것도 포기 안 했으면 아무 믿음이 없는 것입니다. 내가 포기한 만큼 믿음이 자라게 돼 있고 내 믿음만큼 손에 있는 걸 놓게 됩니다. 그분이 믿음직스럽다면 내 손에 쥔 것들을 내려놓게 되어 있습니다. 그때 진짜 기쁨, 진짜 평안을 맛보게 될 겁니다. 그 전까지는 전부 가짜입니다.

● 하지만 내려놓기는커녕 자꾸 뭔가 해주시기를 기대하게 돼요

▲ 가장 좋은 부부관계는 같이 있으면 좋은 관계입니다. 이상한 부부관계는 무엇입니까? 반지를 사 줘서 좋고 차를 바꿔 줘서 좋다는 관계입니다. 주님은 우리와 함께 있는 것이 목적인데, 우리는 자꾸 뭔가를 요구해요. 어쩌면 우리는

주님과 이상한 관계를 맺고 있는지도 모릅니다.

처음에는 바라는 것을 요구해도 괜찮습니다. 바라는 바가 이뤄지는 경험을 통해 신앙이 자라니까요. 하지만 어느 정도 자라면 요구하는 관계가 아니라 그저 주님과 함께 있는 것으로 만족하는 관계로 발전해야 합니다.

거기까지 가기 위해 성경을 읽어야 합니다. 그분을 미리 알고 가야지 모른 채로 가면 배신감을 느낄 수 있습니다. 그분은 절대 우리 뜻대로 조종되는 분이 아닙니다. 오히려 그분이 원하시는 것을 나를 통해 이루시는 분입니다. 그분이 원하시는 것이 나를 통해 이루어질 때 내 뜻이 이루어지는 것과는 비교할 수 없는 기쁨을 맛보게 될 것입니다.

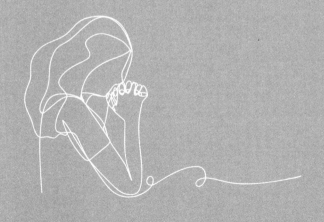

4장

고난

고난을 어떻게 해석해야 할까요?

● 　　실수하시지 않는 하나님이 고난을 허락할 때가 있습니다. 인생의 고난을 어떻게 이겨 낼 수 있을까요?

▲ 　　신앙은 프레임을 통째로 바꾸는 일입니다. 가장 큰 프레임은 미래로부터 현재를 바라보는 소망의 프레임입니다. 인생 가운데 겪는 고난은 누구나 힘듭니다. 하지만 그 고난을 해석하는 능력이 있을 때 고난이 헛되지 않습니다. 고난을 견딜힘도 생기고요.

군대에서 받는 가장 큰 벌은 여기 '땅 파, 다시 메워, 또 파'를 반복하는 겁니다. 아무 이유 없이 땅을 팠다가 다시 메우고 또 파고 또 메우고 하는 형벌이야말로 딱 죽고 싶게 만드는 고통을 줍니다. 그럼에도 견디는 것은 군대 생활이 영원하지 않기 때문입니다. 군대를 벗어나 자유의 몸이 되어서 만나게 될 가족, 미래를 바라보기 때문입니다. 미래의 시간으로 오늘을 견디는 겁니다.

인내와 소망은 마치 우리 몸 안에서 일어나는 트랜스 퓨전과 같습니다. 인내로 견디면 소망이 흘러 들어오고 이 소망이 다시 우리의 면역력과도 같은 인내력을 부스팅하는 거죠.

● 　　바울도 극심한 고통 가운데서 죽고 싶다고 생각했을까요?

▲ 　　저는 바울이 더러 그런 생각을 했을 거라고 봅니다. 하지만 천국의 소망을 가지고 현재의 고난을 이겨 냈을 겁니다. 골프를 너무 사랑한 어떤 사람이 어느 날 골프를 칠 수 없는 상황이 되었다고 해요. 이분의 기록은 골프 싱글이었답니다. 그런데 이분이 필드에 나갈 수 없는 상황에서 이미지 골프를 꾸준히 했답니다. 그렇게 십여 년을 이미지 훈련만 하다 마침내 골프를 칠 수 있게 되어 필드에 나갔는데, 놀랍게도 예전의 기록을 그대로 냈다고 합니다.

천국에 대한 소망을 가지고 이 땅을 살아가는 우리도 이미지 골프를 치는 것과 다르지 않습니다. 이 소망이 우리를 미래로 이끌어 가는 힘이죠.

저는 여러분이 힘들더라도 오르막을 걷게 되기를 바랍니다. 가만히 있으면 내리막이에요. 죽을힘을 다하면 오르막길을 가게 됩니다. 그러나 그렇게 오르막을 끝없이 갈 수 있는 힘은 미래에서 바라보는 소망이 없이는 불가능합니다. 그 힘은 말씀의 능력일 수도 있고 신앙의 동반자들일 수도 있습니다.

세상에 나가 현실과 마주하면 온갖 상처로 소망을 잃기 쉽습니다. 우리가 예배를 위해 힘써 모이는 것은 하나님이 주시는 인내의 능력과 소망을 갖고 이 땅을 살아 내기 위함입니다.

Q 상한 심령이지만 하나님 앞에 나올 때, 인내로 견딜 때, 예배 드리기를 힘쓸 때, 정말 인내의 능력과 소망이 생길까요?

▲ 제가 아는 장로님이 운영하는 공장에 불이 나서 밤새도록 불타는 공장을 바라보다 낙심한 채로 새벽예배에 나왔다고 합니다. 그런데 그날 새벽에 부른 첫 찬양이 '실수가 없으신 하나님'이었대요. 입 밖으로 찬양이 나오질 않았죠. 하지만 억지로 따라 불렀고, 결국 찬양이 통곡이 되었습니다. 당시는 하나님이 실수하시지 않는다는 사실이 믿어져서 찬양한 건 아니지요. 마음으로는 실수하시지 않는 하나님이 어째서 이런 불운을 겪게 하냐고 항의하고 싶었겠지만, 입술로는 하나님을 찬양한 겁니다. 그렇게 인내의 시간을 보내고 3년 후 두 배로 큰 공장을 짓게 되었답니다.

찬양할 수 없는 시간에 찬양하는 것, 하나님의 전능함이 도무지 인정되지 않는 상황에서도 입술로 전능한 하나님을 찬양하는 것, 이런 것이 죽을힘을 다해 오르막을 향하는 자세입니다.

하나님은 내 문제를 다 아십니다. 하나님은 나를 위해 더 좋은 계획을 갖고 계십니다. 그렇게 믿고 선포할 때 놀라운 경험을 하게 됩니다. 이것이 입술의 권세이고 선포의 능력입니다. 예수님은 "할 수만 있거든 우리 아들 좀 고쳐 주세요"라고 말하는 부모에게 "할 수만 있다면이라니! 믿는 자에게 능치 못함이 없다"고 믿음 없는 입술을 고쳐 주셨습니다(막 9:22-24). 그러니 믿음 없는 말을 하지 말고 믿음의 말, 믿음의 선포를 하십시오. 이것이 인내의 능력이고 소망의 힘입니다.

착한 사람이 겪는 불행이 해석이 안 됩니다

● 죄짓고 사는 사람은 별일 없이 잘사는 것 같은데 오히려 착하게 사는 사람에게 더 큰 불행이 닥치는 것을 종종 봅니다. 이런 상황을 어떻게 이해해야 할까요?

▲ 찬송가를 8천 곡 이상이나 쓴 패니 크로스비는 세상에 태어난 지 얼마 안 돼 의사의 실수로 시력을 잃었습니다. 이 불운을 딛고 일어섰으나 남편을 먼저 떠나보내는 고통을 겪는 등 그의 불운은 끝없이 이어집니다. 시간이 흐른 어느 날 한 기자가 "당신이 눈을 뜨면 무엇을 하고 싶은가?"라고 물었을 때 크로스비는 "나는 눈을 뜨지 않겠어요. 내가 눈을 잃었기 때문에 눈을 뜬 사람들이 보지 못하는 세계를 볼 수 있거든요"라고 대답했습니다. 고난 가운데서도 감사할 줄 아는 사람들 덕분에 우리도 고난을 이길 힘을 얻게 됩니다.

착하게 사는 사람이 불행을 겪는 것에 대해 설명할 방법이 제겐 없습니다. 다만, 하나님이 우리 인생의 주권자이므로 그분이 어떤 결정을 내리든 우리는 수긍해야 합니다. 왜 이런 일이 일어나느냐고 하나님을 원망해 봐야 전혀 도움이 되지 않습니다. 그 시간에 그를 위해 기도하는 것이 낫습니다. 어쩌면 그가 하나님이 내게 맡기신 사람이라 그의 형편을 속속들이 알게 된 것일 수도 있어요. 그렇다면 더더욱 겸손하게 그를 위해 기도해야 합니다.

한편으로, 고난을 겪는 그 사람은 어쩌면 자신이 불행하다고 여기지 않을 수 있습니다. 지켜보는 내가 그가 불행하다고 느끼는 것인지도 모를 일입니다. 누가 불행하고 행복한지는 속단하기 어렵습니다. 육체적으로 한센병을 겪는 사람보다 어쩌면 다른 이의 고통에 무뎌진 우리가 영적인 한센병에 걸렸는지도 모릅니다.

어느 아프리카 부족은 누군가 잘못을 하면 그를 중간에 앉혀 놓고 빙 둘러앉아 그가 이전에 어떤 선한 일을 했는지를 열거한다고 합니다. 법으로 재판을 하는 게 아니라 그의 선함을 부각시켜 그가 잘못에서 돌이켜 회복되도록 돕는 겁니다. 아프리카의 가난한 부족 사람들을 미개하다고 할 수 있을까요? 우리는 21세기를 살아간다고 자랑할 수 있을까요? 법으로 재판해서 분리시키는 것으로 사회질서를 겨우 유지하는 우리가 그들보다 나을 게 뭐가 있습니까? 그러니 어떤 상황이든 속단해선 안 됩니다.

━ 불행과 고통을 겪을 때 어떻게 반응해야 할까요?

● 　　불행과 유혹, 고통이 닥쳐올 때 마음 추스르기가 힘듭니다. 내 마음을 어떻게 다뤄야 할까요?

▲ 　　나를 가장 힘들게 하는 건 남이 아니라 바로 자기 자신입니다. 재난 때문에, 불운 때문에 불행한 게 아니라 불운에 반응하는 내 태도 때문에 불행한 겁니다. 어떻게 늘 운이 좋기만 하겠어요. 뜻밖의 사고로 다리를 다치기도 하고 팔이 부러지기도 하는 불운이 닥칩니다. 이건 그리스도인이라고 예외가 아닙니다.

불운이 죄에 대한 대가일까요? 아닙니다. 살다 보면 행운도 따르고 불운도 따르게 마련입니다. 하나님은 행운이든 불운이든 그것에 대처하는 나의 반응을 보십니다. 그러니까 어떤 일이 닥쳤을 때 하나님을 의식해서 어떻게 반응해야 할지를 결정해야 합니다. 불운은 불운한 사건이 2% 영향을 미치고 그것에 반응하는 내 태도가 나머지 98% 영향을 미친다고 합니다. 내가 나를 불행하게 만드는 거지요. 내가 그렇게 반응하기로 결정한 겁니다.

햇볕만 내리쬐면 사막이 됩니다. 비가 와야 해요. 폭풍이 불어야 합니다. 바다도 마냥 잔잔하기만 하면 적조가 생깁니다. 태풍이 불어야 윗물 아랫물이 섞이면서 적조가 사라지게 돼요. 인생에 좋은 일만 있으면 적조가 끼게 마련입니다. 폭풍과 같은, 태풍과 같은 일들이 닥쳐서 우리 삶에 낀 물때를 걷어 줘야 합니다. 그럴 때 성숙한 신앙인으로 성장하게 되는 겁니다. 그러므로 어떤 일이 닥치든 그 사건에 어떻게 반응할 것인가, 이것이 가장 중요합니다.

●   아픈 몸을 치유하는 데도 고통이 따르는데 치유되는 과정조차 고통이 없었으면 좋겠어요.

▲   인간이 발명한 약 중에서 가장 나쁜 약이 진통제라는 말이 있습니다. 여러분은 동의하지 않을 수 있지만, 고통은 하나님이 주신 선물입니다. 고통이 없으면 생명이 유지되지 않습니다. 생명이 생명 현상을 유지하는 까닭은 고통 때문입니다. 그런데 사람은 자꾸 그 고통을 잊고 싶어 합니다. 진통제 먹는 거까지는 괜찮아요. 그런데 술을 마시고 마약을

해서까지 고통을 잊고 싶어 합니다. 스포츠에 빠지는 것처럼 어떤 것에 몰입하는 것도 고통을 잊기 위한 행동일 수 있습니다.

고통은 받아들여야 합니다. 값싼 대가로 고통을 외면하려 하면 안 됩니다. 그 고통이 내 몸을 지나갔을 때 백신을 맞은 것처럼 튼튼해지는 법입니다. 그 백신은 다른 사람은 경험할 수 없는 나만의 소중한 선물이에요. 누구든지 자기만의 고통이 있습니다. 그 고통을 감사하게 받아들이고 이겨 내야 합니다. 홀로코스트에서 살아 돌아온 빅터 프랭클은 "사람이 망가지는 것은 고통 때문이 아니라 의미 없는 고통 때문"이라고 했습니다. 고통에 어떻게 반응하는가가 인생의 격을 만들게 됩니다. 바로 인격입니다.

▬ 상처받지 않는 방법이 있을까요?

● 　　오랜 시간이 지나도 상처가 남아 있습니다. 상처를 받지 않는 방법이 있을까요? 이미 받은 상처를 극복하려면 어떻게 해야 하나요?

▲ 　　모든 사람은 상처를 받습니다. 이 세상에서 여러분을 격려하고 힘주는 사람은 몇 안 됩니다. 대개는 상처를 쏘아대며 기죽이는 사람들입니다. 다만 쏘아대는 상처를 '예스' 하고 받을 것인가, '노땡큐' 하고 받지 않을 것인가는 여러분 각자가 선택할 일입니다.

상처를 예스, 예스 하고 받아서 상처받는 체질이 된 사람이 있습니다. 무심코 던지는 말 한마디에도 상처받고 괴로워하죠. 하지만 성령이 충만한 사람은 쏘아대는 상처가 그를 뚫지 못합니다. 말씀으로 무장한 사람은 노땡큐 하고 물리칠 수 있습니다.

상처는 사라지지 않습니다. 그냥 더불어 살아야 해요. 다만 상처를 계속 바라보며 묵상해선 안 됩니다. 그럴수록 상처에 붙들려 살게 됩니다. 대신에 예수님을 바라보십시오. 십자가에서 전신이 찢기는 고통을 당한 예수님은 내 고통을 이해하시는 분입니다. 그것을 믿는 것이 우리가 상처를 이기는 길이 됩니다.

저희 어머니가 점쟁이를 만나고 와서 저를 대하는 태도가 180도 달라지셨어요. 그 전엔 제대로 말을 듣지 않는 저를 미워하셨는데, 점쟁이로부터 제 사주가 박정희 대통령보다 더 크다는 말 한마디를 듣고 오신 이후로 저를 전혀 달리 대해 주시더니 묵은 상처가 사라졌습니다. 점쟁이 말도 이렇게 위력적인데 하나님 말씀은 그 말 한마디만도 못하겠습니까? 위대하신 하나님이 나를 사랑하신다고 성경에 쓰여 있습니다. 그 말씀을 믿기만 하면 그 힘을 경험하게 될 것입니다.

고난 없이 잘 사는 사람을 어떻게 해석해야 할까요?

● 주변을 보면 자기 마음대로 살면서도 고난 없이 잘 사는 그리스도인이 있습니다. 고난에 대해 어떤 관점을 가져야 할까요?

▲ 고난이 없는 상태가 가장 깊은 고난이며 가장 불쌍한 상태입니다. 비도 오고 바람도 불고 풍랑도 일어야 살기 좋은 환경이 되는 겁니다. 그래서 저는 절대 고난 없기를 기도하지 말라고 합니다. 우리 삶에 놀라운 적응력이 생깁니다. 하나님이 인간에게 주시는 고난은 총량이 있다고 생각합니다. 그러므로 아무 고난 없이 잘 사는 것 같아 보이는 사람일지라도 나름대로 고통이 있고 슬픔이 있을 겁니다. 초등학생은 초등학생대로 인생이 죽을 맛이고, 오랜 세월을 살아서 인생을 다 알 것 같은 70대 노인은 그 나름대로 인생이 죽을 맛입니다. 그러니 비교할 일이 아닙니다. 지금껏 다 누리고 살았으면서 한 가지 고난이 오자 목숨을 끊는 사람도 있고, 여러 고난을 넘어서 단단해진 사람도 있습니다.

인생은 환경에 달린 것이 아니라 관점에 달렸다고 봅니다. 내가 어떻게 해석하느냐에 따라 인생이 살 만할 수도, 죽을 것 같기도 합니다. 저는 설교해야 해서, 가르쳐야 해서 매일

성경을 볼 수밖에 없는 것이 행복이라고 생각합니다. 그러나
어떤 사람한테는 저같이 사는 게 고통일 수 있습니다. 인생
의 행불행을 결정짓는 건 삶의 환경과 조건이 아닙니다. 관
점이고 태도입니다.

나를 괴롭히는 그리스도인이 있습니다

● 　주변의 그리스도인들로부터 많은 괴롭힘과 학대를 받았는데요. 그들도 하나님이 인도하신 것인지, 진짜 그리스도인은 무엇이 다른지 궁금합니다.

▲ 　진정한 그리스도인은 '몇 명' 안 된다고 생각합니다. 정말 많지 않습니다. 예수님이 "내가 세상을 이겼다" 하신 말씀을 믿는 사람은 삶의 기준이 달라져야 합니다. 세상의 기준을 따르지 않는 삶이 되어야 합니다. 진정한 혁명이 일어나야 하는 겁니다. 그래서 저는 세상을 바꿀 힘은 그리스도인들에게 있다고 믿습니다.

하지만 세상만도 못한 그리스도인들이 참 많습니다. 세상의 질서도 지킬 수 없는 사람이, 조금이라도 손해 보는 걸 견딜 수 없는 사람이 어떻게 그리스도인이 될 수 있습니까? 손해도 보려 하지 않고, 고난도 경험하지 않았기 때문에 오늘날 교회가 능력이 없고, 진정한 그리스도인이 드물다는 생각을 합니다.

저는 힘든 상황이야말로 주님이 인도해 주시는 상황이라고 믿습니다. 그러므로 예수 믿다가 더 잘되리라고 생각하지 마십시오. 다만 그리스도를 따르는 삶이 '비교할 수 없이 잘되는 길'이라 믿고 신앙생활 하십시오. '세상을 이겼다'는 것은 세상에서 잘되는 것이 아니라 최후 승리를 보았다는 뜻입니다.

Q 그리스도인인가 아닌가를 분별하기가 힘듭니다.

▲ "그날에 많은 사람이 나더러 이르되 주여 주여 우리가 주의 이름으로 선지자 노릇 하며 주의 이름으로 귀신을 쫓아내며 주의 이름으로 많은 권능을 행하지 아니하였나이까 하리니 그때에 내가 그들에게 밝히 말하되 내가 너희를 도무지 알지 못하니 불법을 행하는 자들아 내게서 떠나가라 하리라"(마 7:22-23).

예수의 이름으로 귀신을 쫓아내고 복음을 전했건만 예수님은 이들을 불법을 행하는 자라고 하십니다. 겉보기에 믿음이 좋은 사람 같아도 진짜 그리스도인이 아닐 수 있습니다. 그러니 교회 들락거린다고 그리스도인이라고 생각하면 안 됩니다. 그들은 Churchgoer, '교회 다니는 사람'일 뿐입니다. 그리스도인은 그 안에 예수님이 살아 계시는 사람입니다. 예수님이 약속하신 성령님이 그 마음에 살아 계신 사람입니다. 성령님이 살아 움직이는 사람은 다를 수밖에 없습니다.

그리스도인인가 아닌가를 분별하는 것은 각자의 몫입니다. 목사도 분별해야 하고 그리스도인도 분별해야 하고 교회도 분별해야 합니다. 그래서 '나는 그리스도인입니다'는 한마디에 그 사람 전부를 믿을 수 있는 것, 그 한 사람으로 인해 예수님을 알 수 있는 것, 그것이 저의 기도 제목입니다. 교회에 사람이 많이 모이는 것보다 예수님을 진짜 만난 사람, 예수님을 정말 따르는 사람, 진정 예수님이 내 안에 계신다고 당당하게 밝힐 수 있는 사람, 그런 사람이 한 사람이라도 있는 것이 귀합니다.

그런데 한 가지 생각해 볼 것이 있습니다. '어떻게 저런 인간이 그리스도인인가' 하십니까? 어쩌면 나보다 나을 수 있습니다. 나를 괴롭히는 사람이 나쁜 사람이 아닐 수 있다는 겁니다. 나는 착하기 때문에 괴롭힘을 당한다고 착각하지 마십시오. 내 눈엔 나쁜 사람이지만 그가 바로 하나님이 보내신 천사일 수 있습니다. 그렇게 모진 사람을 만나지 않으면 우리는 좀처럼 깨지지 못합니다. 우리는 변할 가능성이 없는 사람입니다. 그래서 나를 괴롭히는 사람이 있다면 가장 먼저 감사하십시오. 그 사람 때문에 하나님께 기도하고 깨어 있을 수 있으니까요.

어부들은 광어를 잡은 통에 메기 한 마리를 일부러 넣어 둔다고 합니다. 그 한 마리의 메기로 인해 광어가 싱싱하게 살아 있을 수 있기 때문입니다. 그렇지 않으면 시장에 내다 팔 즈음엔 이미 시들시들해진다고 합니다.

나를 힘들게 하는 그 사람을 이겨 내야 우리는 한 단계 앞으로 나아갈 수 있습니다.

● **그러다 더 센 사람을 보내 주시면 어떡하죠? 겁이 납니다.**

▲ 역도 선수들이 그토록 무거운 역기를 들어올리는 이유가 무엇입니까? 세계 대회에 나가서 금메달을 목에 걸기 위해서입니다. 메달이라는 눈앞의 목표가 있는 사람은 더 무거운 것을 들려고 애를 씁니다. 값싼 복음은 그리스도인을 연약하게 만들 뿐입니다. 우리는 하나님의 자녀입니다. 하나님이 어떤 무거운 것도 들 수 있는 힘을 주실 것입니다. 그러니 무게를 줄여 달라고 하지 마십시오. "들 수 있는 힘을 주세요!" 이것이 우리의 기도여야 합니다.

주변 사람과 갈등 없이 살고 싶습니다

●   주변 사람들과 갈등 없이 살고 싶은데 그게 잘 안 돼요. 어떻게 하면 자유하며 살 수 있을까요?

▲   어거스틴의 말처럼 하나님이 우리 중심에 좌정해야 우리는 비로소 자유함을 맛볼 수 있습니다. 개념적으로는 이해가 돼요. '아, 무한에 접속되면 부족한 게 없지.' 하지만 현실은 부족한 것투성이입니다. 만족스럽지 않습니다. 그래서 항상 기도하라, 쉬지 말고 기도하라 하는 겁니다.

처음에 저는 쉬지 말고 기도하라는 말씀이 이해되지 않았습니다. 어떻게 쉬지 않고 기도한다는 거지 했습니다. 그런데 그분이 항상 우리와 함께하신다는 것, 그분이 우리 안에 좌정하고 계시다는 자각이 곧 쉬지 않고 기도하는 것임을 알게 되었습니다. 그분이 우리와 함께하시니 감사할 수 있습니다. 감사할 일만 감사하는 게 아니라 억울한 일을 겪어도 감사하고 고난을 당해도 감사합니다. 지금은 고통스럽고 통곡이 나올 만큼 억울하지만 우선 감사기도를 하는 것은 이 고난이 변하여 반드시 아름다운 화관이 될 줄 믿기 때문입니다.

씨앗이 땅속에 묻힐 때 씨앗 입장에선 답답하지 않을까요?

어둡고 침침한 곳에 묻히는 것이 화가 날지도 모릅니다. 씨앗은 자기 안에 무엇이 있는 줄 모르니까 그렇습니다. 하지만 그 씨앗에는 나무가 있습니다. 우리도 마찬가지입니다. 우리 안에 뭐가 있는지 모릅니다. 성경은 우리 안에 있는 것을 눈을 열어 보게 하는 책입니다. 성경을 통해 내 안에 감춰진 나보다 큰 무엇을 발견할 때 사람과 갈등하는 것이 줄어듭니다. 이미 어른이 되었기 때문에 어린아이와 싸우지 않는 겁니다.

● 　　　그럼에도 나를 자신의 출세를 위한 발판으로 삼는 사람을 용서하기는 어려워요.

▲ 　　　그런 사람 만나지 않고 살면 좋은데, 하나님께선 그런 사람을 꼭 껌처럼 붙여 놓습니다. 우리가 그들까지도 품는 사람으로 성장하기를 바라기 때문이죠. 그것을 넘어설 때 영원을 살 수 있습니다. 베이직교회도 하나님이 우리 교회를 들어 사용하실 것이라는 막연한 기대를 가지고 시작했습니다. 구체적으로 어떻게 사용하실지는 알 수 없었습니다. 그렇게 3년여 지나고 보니 우리 모두가 상상도 못 한 기쁨을 누리고 있어요. 도무지 변할 것 같지 않은 사람이 변하고 치

유가 불가능해 보이는 사람이 치유되었습니다. 그리고 마치 민들레 씨앗처럼 사방으로 퍼져 나가 열매를 맺고 있습니다. 그러고 보면 씨앗은 나무 한 그루만 품고 있는 게 아니라 숲을 품고 있어요.

마찬가지로 한 사람 안에는 우주가 들어 있습니다. "한 사람이 온다는 건 우주가 오는 것이다"라는 표현도 있지요. 사실 우리는 죄로 인해 하나님과 원수가 되었으나 예수님으로 인해 화해하고 그분의 양자가 되었습니다. 도무지 화해하기 어려울 것 같던 그분과 화목한 관계가 되었다면 다른 사람과 화목하지 못할 이유가 없습니다.

잘 대해 준 사람에게 뒤통수를 맞았습니다

● 함께 일하는 파트너에게 예의를 갖추고 잘 대했는데 오히려 뒤통수를 맞았습니다. 주변에서 이제는 독하게 대하라는데 어떻게 해야 할까요?

▲ 뒤통수를 맞았다고요? 뒤통수 맞았다 생각하지 말고 원래 인간이 그렇다고 생각하십시오. 뒤통수를 조금 늦게 치느냐 빨리 치느냐의 차이가 있을 뿐입니다. 부모는 자녀 한테 뒤통수 맞습니다. 가장 친하다고 믿던 친구한테 배신을 당하곤 합니다. 그러나 그럼에도 불구하고 사랑하겠다고 결정하는 것이 그리스도인입니다. 그리스도인은 사람을 믿지 않습니다. 다만 하나님만 믿습니다. 저는 저 자신도 안 믿습니다. 내 안에 계신 예수님만 믿습니다.

인간은 누구나 배신할 준비가 되어 있는 죄인입니다. 이 사실을 알고 조건 없이 잘해 줘야 합니다. 그 사람이 나한테 잘해 주도록 하기 위해 그 사람한테 잘하는 것은 거래입니다. 예수님은 거래로 인간관계를 맺는 걸 아주 싫어하십니다. 예수님은 목숨값을 지불하고 우리를 구원하셨습니다. 아무런 조건 없이 우리를 사랑하신 겁니다.

우리에겐 엑스트라 오일이 필요합니다. 이것이 없으면 불안하고 화가 나고 짜증이 납니다. 성경이 "늘 성령 충만하라"고 하는 이유가 이 때문입니다. 그리스도인은 성령으로 채움을 받는 사람입니다. 그러므로 사람들한테 매일 백 데나리온씩 당할 생각을 하고 예수님께 일만 달란트를 받으면 됩니다. 그리스도인은 저 사람이 내 뒤통수를 때릴까, 안 때릴까를 걱정하느라 전전긍긍하지 않습니다. 대신에 '다 때릴 거야. 그래도 괜찮아. 천만인이 나를 때려도 나는 넘어지지 않아'라고 선언합니다. 이것이 신앙입니다. 그래서 누군가 배신을 해도 그렇게 아프지 않고 크게 상처가 되지 않습니다.

인간관계는 이해득실로 맺지 말고 메시지를 흘려보내는 관계로 맺어야 합니다. 갑과 을의 관계라도 사업적으로 유리한 관계를 맺겠다 하지 말고 메시지를 흘려보내는 채널로 이용해야 합니다. 물론 그 과정에서 비즈니스는 분명히 해야 합니다. 어떤 회사든 흑자를 목표로 합니다. 적자를 내선 안 됩니다. 메시지를 흘려보내겠다고 손해 보고 장사하면 안 되지요. 기업으로 살아남지 못합니다. 다만 비즈니스로 얻은 재물은 나를 위해서가 아니라 하나님 나라를 위해 쓰겠다는 결단이 필요합니다.

불평, 불만이 가득한 사람 때문에 힘들어요

● 　불평, 불만이 가득한 사람 때문에 주변 분위기도 어두워지고, 모두 힘들어해요. 어떻게 하면 좋을까요?

▲ 　우선 저의 책《사람이 선물이다》를 한 권 선물한 다음《왜 예수인가?》를 선물해 주세요. 사사건건 불평하는 사람의 심리에는 자기를 알아봐 달라는 욕구가 있습니다. 그런데 그 사람을 알아봐 줄 이는 예수님밖에 없습니다. 우리가 영적인 삶을 살기 시작하면 세상 전부와 부딪힐 수밖에 없습니다. 그 사람에게 성령이 오셔야 하는 까닭은 그 길밖에는 우리가 화합하고 화목할 수 없기 때문입니다.

왜 믿음이 없는 가족을 믿음 안에서 견고히 세우려 하겠습니까? 신앙의 터전 위에 함께 서지 않으면 사사건건 부딪치게 되거든요. 그 사람을 사랑하려면 예수를 전하는 도리밖에 없습니다. 그 사람이 예수를 만나도록 도와주는 것 외에는 그를 진정으로 도와줄 길이 없습니다. 따라서 자꾸 영적으로 부딪치는 사람이 있다면, 먼저 주님을 어떻게 전할 것인가를 고민해야 합니다. 저 인간 피하게 해주세요, 다른 직장으로 옮겨 주세요 할 게 아닙니다.

● 걱정과 불평을 계속할 때 "그건 아니야"라고 말해 주는 건 어떨까요?

▲ 내면에 불평과 불만이 많은 사람은 남의 말을 받아들일 준비가 되어 있지 않습니다. 처음엔 무조건 들어주고 나중에 진짜 감정을 드러낼 때 충고를 하면 들을 겁니다. 하지만 거기까지 가기가 힘들다면, 감당하기 힘들다면 차라리 가까이하지 않는 게 지혜일 수 있습니다. 자신을 예수님처럼 여기는 것도 오만입니다. 일정한 선을 긋는 게 필요할 때가 있습니다. 다만 그 사람을 계기로 자신의 신앙을 점검할 필요는 있습니다.

응징하는 하나님이 이해가 안 됩니다

● 구약을 보면 하나님께서 악인을 이용해 하나님의 백성을 치는 이야기가 종종 나옵니다. 전쟁을 일으키시는 하나님, 저는 이 점이 도무지 이해되지 않습니다.

▲ 구약에서 이스라엘이 하나님을 배신하자 하나님이 더 큰 악을 통해 그들을 응징하시는 이야기가 반복해서 나옵니다. 하나님은 믿는 자가 믿음을 떠날 때, 하나님을 배신할 때, 놀랍게도 불신자들을 통해서 배신의 행위를 응징하십니다. 그런데 어떻게 자녀가 잘못을 했다고 조폭을 불러서 내 자녀를 응징할 수 있습니까? 여기에 우리의 고민이 있습니다. 하나님의 구원 계획은 이스라엘 백성을 통해 하나님을 모르는 백성들을 하나님께로 돌이키는 것이었습니다. 이걸 '플랜 A'라고 불러야 마땅합니다. 하나님은 원래 이 플랜A를 가지고 하나님의 구원사적 섭리를 이뤄 가시고자 했습니다. 그런데 문제가 생겼습니다. 플랜A를 폐기 처분해야 할 상황이 생긴 겁니다. 이스라엘 백성이 도리어 하나님을 버린 겁니다. 하나님을 알게 하는 게 그 삶의 목적이던 이스라엘 백성이 도리어 하나님을 모르는 세상으로 돌아선 것입니다. 그래서

하나님은 부득이하게 플랜B로 넘어갈 수밖에 없었습니다. 플랜B는 무엇입니까? 듣고 싶지도 않고 알고 싶지도 않겠지만, 플랜B는 불신자들을 이용해 배신자가 된 하나님의 자녀들을 다시 돌이키는 것입니다. 요나 선지자가 이스라엘을 괴롭히는 앗시리아를 돌이키기 위해 그곳으로 가기 싫었던 이유가 여기에 있습니다. 앗시리아가 요나의 말을 듣고 죄를 돌이키면 그들이 종국에는 이스라엘을 치러 올 것이라는 걸 알고 있었던 것입니다. 앗시리아의 침략은 그야말로 이스라엘 땅을 황폐하게 만들 것입니다. 이 플랜B는 이스라엘로서는 절대로 일어나선 안 되는 일입니다. 그럼에도 하나님의 계획은 양보가 없으십니다. 우리는 그런 고통이 없는 신앙을 원하지만, 우리를 사랑하시는 하나님은 그러한 우리를 구원하기 위해 더 큰 악을 이용하실 수밖에 없습니다.

제 아들이 네 살 때 코피가 멎지 않는 병을 앓은 적이 있습니다. 제힘으로 어떻게 해서든 그 코피를 멈추고 싶었지만 도무지 지압할 수가 없었습니다. 그래서 병원에 데려갔습니다. 큰 병은 아니지만 피를 멎게 하기 위해선 수술이 불가피하다는 의사의 진단을 받았습니다. 수술을 위해 그 어린아이가 침대에 실려 마취실로 가는데 "아빠, 아빠, 나 안 가! 살려 줘" 하고 겁에 질려 외쳤습니다 지금도 그때를 회상하면 코 끝이 시큰해집니다.

하지만 아이의 병을 고치기 위해선 의사에게 아이를 맡겨야 합니다. 플랜B를 작동할 수밖에 없는 겁니다. 아이는 살려 달 라고 고함을 지르고 죽을 것 같다고 난리를 치지만, 제가 할 수 있는 건 의사에게 아이를 맡기고 지켜보는 것밖에 없었습 니다. 마음이 찢어질 듯 아프지만 제가 할 수 있는 게 그것밖 에 없었습니다.

하나님도 마찬가지입니다. 하나님은 플랜A가 작동하지 않을 경우 플랜B를 꺼내 드십니다. 하나님의 구원 계획은 절대 포 기가 없습니다. 이때 더 큰 악에 대한 심판은 반드시 있습니 다. 하나님은 악을 그냥 내버려 두시는 분이 아닙니다. 그러므 로 우리가 할 일은 플랜A가 플랜B로 넘어가지 않도록 늘 깨 어 있는 것입니다. 하나님의 플랜B가 작동하지 않도록, 그로 인해 엄청난 비극이 일어나지 않도록 깨어 있어야 합니다.

하박국 선지자가 하나님의 이 사랑을 깨닫고 나서 이렇게 말 합니다.

"내가 내 파수하는 곳에 서며 성루에 서리라 그가 내게 무엇 이라 말씀하실는지 기다리고 바라보며 나의 질문에 대하여 어떻게 대답하실는지 보리라"(합 2:1).

하나님께 따져 묻던 그가 이제 잠잠히 하나님의 말씀에 귀 기울이겠다고 하고 있습니다. 그렇습니다. 우리는 하나님께 신정론적인 질문을 던지다가 결국 질문을 멈추고 잠잠히 하나님의 음성에 귀 기울이는 때를 맞게 됩니다. 그런 순간이 우리 신앙의 생장점이지요.

▬ 내게 닥친 고난이 너무 견디기 힘들어요

● 　　주님이 항상 함께하신다고 들었지만 당장 견디기가 너무 힘듭니다. 주님께 어떻게 나아가야 할까요?

▲　　너무 힘들 때는 저 같은 목사를 찾아와야 합니다. 누군가 같이 기도해서 힘을 보태 주는 게 필요해요. 예수님이 겟세마네 동산에서 땀이 피가 되도록 기도하셨을 때, 그 기도를 돕기 위해 천사가 찾아왔습니다. 우리가 견딜 수 없다고 부르짖을 때, 주님은 방관하고 계시지 않는다는 걸 믿으시기 바랍니다. 반드시 돕는 손길을 보내 주십니다. 하나님은 우리 아버지십니다. 견딜 수 없이 고통스러울 때 아버지 하고 부르며 기도하십시오. 그렇게 불렀더니 빛에 둘러싸이는 경험을 한 사람도 있고, 갑자기 전신에 열이 나듯 뜨거워진 사람도 있고, 갑자기 통곡이 터져 나온 사람도 있습니다. 물론 그런 경험은커녕 아무런 응답을 받지 못할 때도 있습니다.

그런데 한 가지 알아야 할 것이, 고난은 내 것이 아닌 것을 내 것이라고 착각하고 살아갈 때 하나님이 그것을 깨우치는 방법 중 하나라는 겁니다. 그러니까 고난이 왔다면 빨리 내려놓을수록 좋습니다. 내 것 아닌 것을 내 것이라 착각한 그것, 내 것이라 주장한 그것을 얼른 내려놓는 것입니다. 심지어 나도 모르는 사이에 우상이 되어버린 것을 즉시 버려야 합니다.

우리는 종종 하나님의 뜻을 묻는데, 하나님은 우리가 온전한 선택을 할 것으로 기대하지 않으십니다. 흠 없는 선택을 할 것으로 바라지 않으세요. 다만 하나님은 우리가 나 자신을 포기해 주기를 바라십니다. 고난을 이기는 가장 좋은 방법은 나를 내려놓는 겁니다. 하나님은 내 것 아닌 것을 깨닫게 하셔서 우리를 구원해 주십니다. 우리가 쥐고 있는 것들이 내 것 아닌 것을 깨닫게 하셔서 우리를 구원해 주십니다.

내려놓는다는 것은 무슨 의미인가요?

●   무언가 놓지 못하고 손에 꼭 쥐고 있을 때가 있습니다. 이때 내려놓는다는 것은 무엇을 의미하나요?

▲   저희 집 큰아이가 어릴 때 미니카를 좋아했어요. 한 번 붙들면 손에서 놓지 않을 정도였습니다. 어느 새벽에 늦은 귀가를 했더니 큰아이가 미니카를 꼭 붙들고 자고 있었습니다. 저러다가 손에 쥐가 날 것 같아서 손을 풀어 미니카를 뺐더니 자다가 깨서 막 울더라고요. 다시 쥐여 주니까 그제야 잠이 들었습니다.

그 순간 나는 지금 내 손에 무엇을 꼭 쥐고 있을까 하는 의문이 들더군요. 그 손을 풀어야 하나님이 주시는 것을 받을 수 있을 텐데…. 그날 내가 놓지 못하는 것이 인정욕구라는 걸 깨달았습니다. 술을 죽어라 마시는 것, 일을 죽어라 하는 것, 끊임없이 열정을 불사르는 것, 이 모두가 인정욕구 때문이라는 걸 안 겁니다. 그 인정욕구를 내려놓는 순간 저는 진짜 자유함을 누리게 되었습니다.

모세는 떨기나무 아래에서 신발을 벗는 순간 진짜 자유를 누렸을 겁니다. 하나님이 모세에게 "모세야 모세야" 하고 그 이름을 호명했을 때, 더 이상 사람으로부터 받는 인정과 사랑에 목이 마르지 않게 되었을 겁니다.

제가 신학교 다닐 때 코넬 대학에서 대학원 과정을 다니다 온 청년이 있었습니다. 이름이 조나단인데 그에게 신학교에는 왜 왔냐고 물었더니 어느 아침 산책하다가 "조나단" 하고 부르시는 하나님의 음성을 들었다고 하더군요. 그는 자신의 이름을 부르시는 그 음성 한마디 듣고 신학의 길로 진로를 바꿨습니다. 하나님은 우리 이름을 부르십니다. 나를 인격적 존재로 대하시며 나를 기억하시는 하나님입니다.

● 　　하나님은 왜 모세를 애굽의 왕자로 있을 때 부르시지 않고 목자요 노인이 되었을 때 부르셨을까요?

▲ 　　미국에서는 학교 선생님이나 부모님들이 "I am proud of you"란 말을 자주 합니다. 네가 자랑스럽다는 겁니다. 그런데 저는 이 말이 좀 불편했습니다. 프라이드는 굉장히 강한 독성이 있거든요. 한국이 아이들을 인격적으로 대우

하지 않는 게 문제라면, 미국은 너무 치켜세워서 자의식을 강화시키는 게 문제라고 생각합니다. 하나님은 이 두 가지를 다 위험하게 보십니다. 애굽의 잘나가는 왕자로 있을 때 모세를 불렀다면 프라이드라는 독성이 다른 사람을 해쳤을 겁니다. 이 독성이 빠져야 사람을 살리는 일에 쓰임 받을 수 있습니다. 생명의 통로가 될 수 있는 것입니다.

Q

5장

분별

하나님의 뜻대로 산다는 것은 무엇인가요?

● 최근 그리스도인에 대한 부정적인 시각이 많습니다. 교회를 다니면서도 옛사람의 방식대로 살아서 그런 것 같은데, 하나님의 뜻대로 산다는 것이 무엇인지 알고 싶습니다.

▲ 이 질문에 대한 것을 제 책《하나님의 뜻은 무엇인가》에서 아홉 가지 키워드로 정리했습니다. 거룩하라, 돌이키라, 나를 알라, 사랑하라, 하나 되라, 기뻐하라, 기도하라, 감사하라, 증인 되라가 그것입니다.

무슨 일을 하는 게 하나님의 뜻이 아니라, 우리의 중심이 하나님을 향해 있으면 그것이 바로 하나님의 뜻대로 사는 겁니다. 교회가 세상 사람들의 지탄을 받는 건 어쩌면 하나님의 이름을 빙자해서 하나님의 뜻과는 먼 일을 하기 때문일지도 모릅니다.

내가 하는 일이 하나님을 위한 일이라는 믿음이 자의적인 믿음이 되지 않으려면, 내가 한 일이 누군가에게 생명이 되고 기쁨이 되어야 합니다. 나는 하나님의 일을 했다고 하는데 그 사람이 매일 스트레스를 받고 있다면 그건 하나님의 일이 아니라 내 일을 한 것입니다. 이것을 혼동하면 곤란합니다.

어린아이에게 물 한 그릇 떠 주는 것, 목마른 사람에게 물 한 잔 베푸는 것이 하나님의 일입니다. 예수님이 선한 사마리아인의 비유로 무엇이 하나님의 일인지 알려 주셨습니다. 목사가 위험에 처한 이웃을 뒷전으로 하고 설교만 열심히 하는 것은 하나님의 일이 아닙니다. 위험에 처한 이웃을 외면하면서까지 예배드리러 가는 것도 자기 일을 하고 있는 것뿐입니다. 제가 주일 아침에 설교를 위해 서둘러 교회 오는데 누군가 굳이 차를 세우며 태워 달라고 합니다. 그를 데려다주고 교회에 오면 늦어지는데, 제가 어떤 선택을 할까요? 아마 늦었다고 거절하지 않을까요? 그러면 내 일을 하러 온 겁니다. 하나님의 일을 하러 온 게 아니라는 겁니다. 이렇게 일에 매몰되면 하나님이 소외되기 쉽습니다. 그러면서 하나님의 일을 한다고 착각하게 되죠. 이런 오류를 범하기 쉬운 사람이 바로 저 같은 목사입니다. 그래서 예수님이 제발 저 종교인들 닮지 말라, 그들은 독사의 자식이고 회칠한 자들이라고 지탄하신 겁니다. 우리가 정말 깨어 있지 않으면 이 함정에 빠지기 쉽습니다.

개인적인 얘기 하나 하겠습니다. 교통사고를 목격한 것 때문에 설교를 못 한 적이 있습니다. 다른 사람들과 교통 경찰관에게 맡기고 그 자리를 떠날 수 있지만 그 사고 처리 과정에서 증인의 역할을 하느라 대신 설교를 부탁하고 마무리를 지켜보았습니다. 솔직히 갈등이 되지요. 설교자의 책임은 예배를 드리러 온 회중과 약속한 것을 지키는 일인데 그 약속이 선약이고 더 중요한 약속이 아닌가 하는 생각이 들지요. 이때 어떤 선택이 선한 이웃의 선택인지가 기준이 되는 것입니다.

Q   하나님의 뜻을 따라 사는 삶의 유익은 무엇일까요?

▲   짐 윌리스의 말에 따르면, 지금 우리에게 필요한 것은 삶을 나누는 것이고, 서로 사랑하는 것입니다. 그리스도인들에게 사실 이것이 참 힘듭니다. 불신자들과 교제하고 소통하는 게 쉽지 않거든요. 그럼에도 불구하고 믿는가, 믿지 않는가를 기준으로 사람을 판단하지 말고, 도움이 필요한 사람에게 도움을 주고 또 받기도 하고, 함께 식사하고 차를 나누고, 손해 볼 일 있으면 손해도 보면서 교제하는 것이 하나님의 뜻을 따라 사는 삶입니다.

줄 서라, 신호 위반하지 마라, 약속 지켜라, 부모님 말씀 잘 들어라, 이런 것들은 유치원에서부터 가르칩니다. 사실 배운

대로만 살면 별문제가 없습니다. 예수님이 산상수훈에서 가
르쳐 주신 대로만 살면 그리스도인으로 사는 데 아무 문제가
없습니다. 그래서 우리는 말씀을 배워야 하고 알아야 합니
다. 설교 백 편 듣는 것보다 예수님의 말씀에 귀 기울이는 것
이 더 낫다는 것이 제 생각입니다.

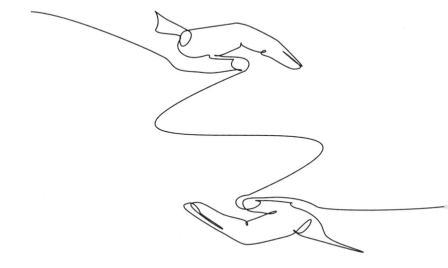

하나님의 음성을 들었다는데 진짜일까요?

● 어떤 사람이 하나님의 음성을 들었다는데 진짜인지 가짜
인지 어떻게 알 수 있을까요?

▲ 하나님의 음성을 들었다고 사방에 떠들고 다니는 사
람은 진짜가 아닙니다. 하나님의 음성을 들으면 애들도 조용
해져요. 정말 그렇게 달라집니다. 하나님이 특별히 어떤 사람
에게 전하라는 말씀이 있을 수 있습니다. 그러면 그 사람에
게만 조용히 전하면 됩니다. 그런 경우, 대개 상대에게도 하
나님은 계시해 주십니다.

성경 말씀에 아나니아에게 사울을 만나라 하심과 동시에 사
울에게도 아나니아가 찾아올 것을 말씀해 주셨습니다. 베드
로에게 고넬료가 찾아올 것을 말씀하신 동시에 고넬료에게
베드로를 찾아가라고 말씀하셨습니다.

어떤 사람은 당신과 결혼하라는 하나님의 음성을 들었다면
서 접근하기도 하는데, 그게 사실이라면 상대도 그와 결혼하
라는 계시를 들어야 합니다. 그러니 누군가 하나님의 음성을
따라 결혼하자고 하면 하나님의 음성을 직접 들을 때까지 기
다리십시오. 아니라면 그가 들었다는 하나님의 음성은 진짜

가 아닙니다. 그리고 하나님의 말씀은 기록된 성경의 말씀과 충돌하지 않습니다. 성경 말씀의 범위 안에서 하나님은 말씀하십니다. 그러므로 누군가 들었다는 하나님의 음성이 성경 말씀과 배치된다면 그것은 가짜입니다. 영적 체험은 다른 종교에서도 빈번하게 일어나는 일입니다. 하나님이 주신 영적 체험인지를 분별해야 합니다. 이때 분별의 기준은 말씀입니다. 말씀을 읽지 않는 사람, 말씀을 알지 못하는 사람은 가짜 영적 체험을 진짜로 믿을 수밖에 없습니다. 따라서 그리스도인은 그 무엇보다도 말씀을 알아야 합니다.

개인적인 간증을 하나 하자면, 하나님의 음성을 듣고 누군가에게 전해야 할 것 같은 강한 마음이 들었던 적이 있습니다. 거룩한 부담이었죠. 하지만 몇 날 며칠 고민한 끝에 전하지 않기로 했습니다. 그런데 전하지 않은 게 너무 잘한 일이었습니다. 전혀 예상치 못한 상황으로 흘러서 만일 전했다면 큰일 날 뻔했습니다. 그래서 누군가에게 전하고 싶은 강한 충동이 있더라도 말씀에 비춰 보고 기도하면서 기다려야 합니다. 베드로가 세 번의 환상을 통해 고넬료에게 가는 것이 거역할 수 없는 하나님의 뜻임을 확인했듯이 우리도 그래야 합니다.

하나님의 생각과 내 생각을 어떻게 구별하나요?

●   하나님의 음성을 들었다는 사람이 있는데, 하나님이 주신 생각인지 내 생각인지 어떻게 구별하나요?

▲   하나님이 날 찾아오셨다, 나한테 이렇게 말씀하셨다, 이런 표현은 사실 조심해야 합니다. 그리고 내가 들었다는 하나님의 음성이 성경과 일치하는지 따져 봐야 합니다. 하나님은 성경과 다른 말씀을 하시지 않는 분입니다. 그러니까 만일 누군가 하나님의 음성을 들었다 한다면 성경을 기준으로 그 진위를 따져 봐야 합니다. 이단도 말씀을 기준으로 식별해야 합니다.

"내가 귀가 어둡습니다. 잘 안 들립니다" 하면서 하나님의 음성을 잘 듣는다는 사람을 쫓아다니는 사람들이 있습니다. 하지만 하나님의 음성을 들었다는 그 사람의 말을 어떻게 확인할 수 있습니까?

하나님은 이방인 고넬료에게 "베드로라 하는 시몬을 청하라"(행 10:5)고 하는 동시에 베드로에게 "일어나 내려가 의심하지 말고 함께 가라"(행 10:20)고 하셨습니다. 하나님의 말씀은 이렇게 서로 검증할 수 있어야 합니다.

누구든지 하나님을 믿고 하나님께 집중하면 하나님이 그 음성을 들려주신다고 믿습니다. 예배의 자리가 아니더라도 길을 걷다가, 친구를 만나다가, 깊은 밤 혼자 묵상하다가 여러분을 찾아오시는 하나님을 만날 수 있습니다. 다만 우리가 하나님께 집중하는 훈련은 해야 합니다.

● 　　하나님께 집중하는 훈련이란 어떤 것인가요?

▲ 　　　하나님은 약속하시는 분입니다. 일정한 시간을 구별해 하나님을 묵상하는 것은 내가 하나님과 약속한 것을 지키는 일입니다. 그것은 우선순위를 그분께 두었다는 것이고, 하나님도 내게 우선순위를 두라고 하시는 부탁일 수 있습니다. 그것은 훈련이라기보다 하나님을 하나님으로 존중해 드리는 태도라고 할 수 있습니다.

갓난아기 때는 울면 다해 줍니다. 하지만 다섯 살, 여섯 살이 되어서도 오줌을 가리지 못하고 울기만 한다면 어떻게 할까요? 무조건 봐주지 않습니다. 배변 훈련을 해서 나이에 맞게 성장하도록 도와야죠.

나이가 듦에 따라 자녀가 성장하지 않는 것만큼 안타까운 일이 있을까요? 그런데 우리는 처음의 그 감동, 처음의 그 따뜻함, 처음의 그 소통을 경험하고 싶어 합니다. 이제 처음이 아니라 다음 단계로 가고 있는데도 처음에 경험했던 것만이 신앙의 경험이라고 생각하죠. 신앙이 자라지 않는 겁니다.

때가 되면 실타래의 매듭을 풀어 줘야 하듯, 저는 하나님이 우리 신앙의 성장과 성숙을 위해 섬세하게 매듭을 풀어 가시는 분이라는 걸 경험했습니다. 이 경험이 신앙의 성숙을 가져온다고 생각합니다. 언제까지나 하나님과 어린아이로서 만날 수만은 없습니다.

내 뜻과 하나님의 뜻을 분별하는 기준을 알려 주세요

나의 뜻인지 하나님의 뜻인지 헷갈리지 않고 제대로 분별하고 싶습니다. 분별할 수 있는 기준을 알려 주세요.

▲　하나님의 뜻을 잘 분별하라고 하나님이 우리에게 주신 것이 있습니다. 첫째는 성경이고 둘째는 성령님, 셋째는 믿음의 사람들입니다. 이 세 가지로 크로스 체크하면서 검증하면 됩니다.

첫째, 말씀에 비춰 보는 것입니다. 원수를 사랑하라 하셨으니 원수를 미워하는 건 내 뜻입니다. 거룩하라 했는데 내가 불결한 짓을 하면 내 뜻이죠. 뇌물을 받고 거짓말을 하는 것도 다 내 뜻으로 한 겁니다.

둘째, 성령의 내적 증거로 알 수 있습니다. 내 안에 계신 성령님이 우리를 자꾸 불편하게 만드십니다. 기도해도 불편함이 사라지지 않아요. 내 뜻을 구해서입니다. 하나님의 뜻은 기도할수록 편안해집니다. 사표를 내기로 결정하고 기도했는데 마음이 편안해진다면, 그게 하나님의 뜻입니다. 반대로 기도할수록 마음이 불편하다면 사표 내지 말라는 뜻이죠.

셋째, 믿음의 사람들을 통해 하나님의 뜻을 알 수 있습니다.

주일에 설교를 듣다가 하나님의 뜻이 깨달아지는가 하면, 누군가 선물로 준 책을 읽다가 하나님의 뜻을 발견하기도 합니다. 우리가 전심을 다해 그 뜻을 물으면 하나님은 반드시 대답해 주십니다. 걱정하지 마십시오.

이 세 가지로도 하나님의 뜻을 알지 못하겠다면, 내 뜻을 고집하기 때문일 겁니다. 하나님이 내 뜻대로 움직여 주길 바라서 하나님의 뜻을 모르겠다고 말하는지도 모릅니다. 그러니 구하되 듣기로 작정하고 구해야 합니다. 하나님이 말씀하실 때 귀 기울여 들어야 합니다.

내 꿈과 하나님의 꿈은 어떻게 다른가요?

●　　　내가 원하는 꿈(야망, 욕망)과 하나님께서 원하시는 꿈을 어 떻게 구별할 수 있나요?

▲　　　내 꿈이 이루어지면 누군가가 불행해져요. 그런데 하 나님이 주신 꿈은 이루어지면 나도 기쁘고 다른 사람도 기쁩 니다.

한 가정의 남편이 돈을 정말 많이 벌기로 결정하고 가정을 돌 보지 않고 자기가 목표하는 돈을 벌었다고 합시다. 그 과정에 서 가족은 얼마나 슬펐겠습니까? 인간의 꿈이 이뤄지려면 반 드시 누군가의 희생과 고통이 따릅니다. 반면에 하나님의 꿈 이 이루어지려면 내가 고통을 겪어야 합니다. 하지만 많은 사 람에게는 회복을 가져다주지요.

성경의 가치는 생명에 있습니다. 성경은 돈을 기준으로 얘기 하지 않습니다. 권력을 중심으로 얘기하지 않아요. 인기를 말 하지 않습니다. 성경이 말하는 가치는 딱 하나, 생명입니다. 그리고 생명과 사랑은 동의어입니다. 사랑은 곧 생명입니다. 그래서 성경은 서로 사랑하라고 말씀하는 동시에 영생의 가 치를 강조합니다.

저는 말씀을 읽다가 하나님의 비전을 발견했습니다.

"그리스도의 풍성함을 이방인에게 전하게 하시고"(엡 3:8).

주님에게서 너무나 큰 보화를 발견했기 때문에, 너무나 놀라운 기쁨을 맛보았기 때문에 그걸 누군가에게 전하라 하는 말씀이 꿈이 되었습니다. 그 꿈을 지금 이루어 가고 있고, 그 과정에서 너무나 큰 기쁨을 누리고 있어요.

반면에 정치부 기자로 활동할 때 제 꿈은 정치인이 되는 것이었습니다. 대학에서 정치학을 전공했고 사회에 나와서는 수많은 정치인과 네트워크를 형성해서 그 꿈을 한 계단씩 밟아 나가고 있었습니다. 하지만 하나님을 만난 뒤 정치인이 되겠다는 제 꿈은 야망에 불과하다는 걸 알았습니다.

정치인이 되겠다는 꿈은 나로부터 비롯된 꿈이었을 뿐이에요. 복음을 전하는 꿈은 하나님으로부터 비롯된 것입니다. 그 과정에서 나는 더 큰 고통을 겪기도 했지만, 그걸 견딜 만한 가치가 있다는 걸 알고 있습니다. 이 꿈은 내가 죽어서 세상을 떠나도 끝나지 않습니다. 하나님으로부터 비롯된 꿈은 사라지지 않습니다.

나는 믿지만 남들은 말리는데 어떻게 해야 하나요?

● 　　남들이 하지 말라고 말리는 일을 하나님께서 원하시는지 원하시지 않은지 그걸 모르겠어요. 어떤 기준으로 판단해야 하나요?

▲ 　　평소 하나님과 교제하지 않다가 불쑥 어떤 결정을 하려고 하니 하나님의 뜻이 무엇인지 분별이 안 되는 겁니다. 하나님의 뜻이라는 확신이 있으면 누가 뭐래도 그 뜻을 따라가야 합니다. 문제는 그게 하나님의 뜻인지 아닌지 모르니까 사람들의 말에 자꾸 흔들리는 것이죠.

제가 신학교 간다고 했을 때 주변의 지인은 다 반대했습니다. 물론 아내도 죽을힘을 다해 반대했습니다. 하지만 저는 하나님의 말씀을 받았기 때문에 그냥 갔습니다. 제가 교회를 개척했을 때도 모두 반대했습니다. 특히 아내가 강력하게 반대했어요. 하지만 하나님의 뜻이 거기에 있다는 걸 분명하게 알았고 믿었기 때문에 누가 뭐래도 흔들리지 않았습니다.

하나님의 음성인지 아닌지 모르겠습니까? 임신부가 배 속에 아기가 있는지 없는지 모르겠다면, 그건 임신하지 않은 겁니다. 모를 수가 없습니다. 마찬가지로 하나님의 음성인지 아닌지 모르겠다면 그건 하나님의 음성이 아닙니다. 안테나를 세상을 향해 길게 빼놓고 있으면 세상 소리밖에 들리지 않습니다. 세상 소리밖에 들리지 않아서 마음이 흔들리고 자꾸 혼란스러워지는 겁니다. 하지만 하나님께 주파수를 맞추고 있으면 하나님의 음성이 대번에 들립니다. 하나님의 뜻이 무엇인지 분별이 됩니다. 하나님께 주파수를 맞춘 사람은 삶이 단순해서 흔들리지 않습니다.

● 큰일이 아닌 작은 일을 하는 것도 하나님의 뜻일까요?

▲ 서로 사랑하는 게 바로 하나님의 일입니다. 거창한 것만 하려 한다면 내 야망을 하나님의 일이라고 포장한 것일 수 있어요. 그래서 내가 추구하는 것이 하나님의 일인지 아닌지, 하나님의 뜻인지 아닌지 분별하려면 말씀에 집중해야 합니다.

시편은 "형제가 연합하여 동거함이 어찌 그리 선하고 아름다운고"(시 133:1)라고 노래합니다. 세계에서 가장 큰 교회를 세워서 아름답다고 하지 않습니다. 가까운 형제와 연합하지 못하면서 교회만 크면 뭐 합니까? 단연코 말하지만, 형제와 동거하지 못하고 연합하지 못하는 교회는 교회가 아닙니다. 그냥 종교단체일 뿐입니다. 저에게 목회란 형제가 되고 자매가 되는 일입니다. 우리 교회는 Brothers And Sisters In Christ(BASIC)입니다. 주님 안에서 형제가 되고 자매가 되는 교회가 베이직교회입니다.

그리고 한 가지 분명히 해야 할 사실이 있습니다. 단 두세 사람이라도 주님이 함께하시면 세상의 무엇과도 비할 수 없이 큰 교회입니다. 아무리 많은 사람이 모여도 주님이 함께하시지 않는다면 교회가 아니라 종교기관, 종교단체에 불과하겠지요. 그 기관이나 단체가 아무리 세상이 보기에 큰일을 해도 주님 보시기에는 헛수고일 것이고, 참교회가 아무 일도 하지 않고 서로 사랑하고 진리 안에서 자유하고 일상에서 성령의 열매를 맺고 있다면 세상의 어떤 일보다 큰일을 하고 있다고 하실 것입니다.

주님이 주신 일인지, 내 일인지 어떻게 알 수 있나요?

지금 하고 있는 일이 하나님이 주신 일인지 아니면 내 일인지 어떻게 알 수 있나요?

▲ 믿는 것이 하나님의 일입니다. 그리고 믿음으로 하는 일이 하나님의 일입니다. 하지만 믿음이 없이 하는 일은 그것이 무엇이 되었든 하나님의 일이 아니라 내 일이에요. 그렇다면 믿음이 무엇일까요? 믿음이란 내 안의 신념을 말하는 게 아닙니다. 불변하는 대상과 맺고 있는 관계가 믿음입니다. 그분과 흔들리지 않는 관계 속에서 하는 일은 하나님의 일이 되는 겁니다.

흔히 교회에서 하는 일은 하나님의 일이라고 생각하는데 아닙니다. 제가 하나님과 흔들리지 않는 관계 속에서 말씀을 증거하고 있다면 그건 하나님의 일이에요. 하지만 '이 교회를 키워야 할 텐데, 이분들 헌금을 좀 많이 하게 해야 할 텐데, 이분들 재능을 써서 우리 교회가 커져야 할 텐데' 이런 생각들을 하고 있다면 그건 내 일입니다. 그래서 겉모양만 봐선 그게 하나님의 일인지 내 일인지 알 수 없습니다.

하나님만이 우리의 중심을 아십니다. 우리는 다만 매 순간

묻고 또 물으며 자신을 점검해 봐야 합니다. 내가 이 일을 하나님 앞에서 하고 있는가, 하나님의 얼굴을 대면하고 이 일을 하고 있는가, 하나님을 의식하고 있는가, 계속해서 자신에게 묻고 또 물어야 합니다.

● 그 일이 영광스럽고 고상하고 나도 기쁘다면 이런 고민이 안 생길 텐데, 하다 보면 진창에 빠지는 것 같고 힘이 듭니다.

▲ 그래서 그분과의 관계가 중요한 겁니다. 그분과의 관계가 확고하면 진창에 있어도 문제가 되지 않아요. 요셉이 노예로 팔려 가든 오해를 받고 감옥에 갇히든 성경은 그가 형통했다고 말하고 있습니다. 상황과 상관없이 말입니다. 요셉은 상황에 지배당하는 사람이 아니라 하나님과의 관계에 지배당하는 사람이었습니다. 똑같이 노예 일을 해도 어떤 사람은 자기 일을 하는 것이고 요셉은 하나님의 일을 하는 것이죠. 그 일이 어떤 일이든, 상황이 어떻든 그건 중요하지 않습니다.

여러분이 요셉이라면 어떻게 했을까요? 첫째, 탈출하여 형들을 찾아 한 명씩 복수한다. 둘째, 포기하고 그냥 노예로 산다. 여자 노예 만나서 결혼하고 노예 자녀를 낳고 산다. 셋째, 억울함과 분노를 견디지 못해 자살한다. 이것이 일반적인 사람들이 반응하고 선택하는 삶의 결정입니다. 하지만 요셉은 상황에 묶이는 삶을 살지 않았어요. 그래서 노예 신분이었지만 노예로 살지 않았습니다. 보디발의 신임을 받아 가정 총무가 된 것은 그가 노예처럼 일하지도 않았고 그렇게 살지도 않았기 때문입니다. 나중에 모함을 받아 옥에 갇혔을 때도 죄수처럼 살지 않았기 때문에 전권을 위임받아 죄수들을 상담하는 목회적 삶을 살았습니다.

그러므로 우리가 어떤 일을 하든지, 어디에 있든지 요셉처럼 목회적 삶을 살아야 한다는 걸 잊지 마시기 바랍니다. 오직 하나님 한 분에 매어 살기로 결정했기에 오히려 모든 상황에 매이지 않고 자유하면서 살기를 바랍니다.

하나님이 주신 소명인지 어떻게 알 수 있나요?

● 하나님이 각 개인에게 주신 소명을 어떻게 알 수 있을까요?

▲　　소명은 부담감이라고 생각합니다. 어떤 일에 마음이 아픈 지점, 거기가 소명의 자리라고 생각합니다. 제가 얼마 전에 선교대회 참석 차 남아프리카공화국에 다녀왔는데 이번이 세 번째 간 거예요. 그곳에서 헌신하는 선교사들을 위해 기도해야겠다는 마음은 있지만 그렇다고 마음이 계속 쓰이지는 않았습니다. 하지만 어떤 사람은 처음 간 순간 혹은 TV에서 그들의 소식을 듣는 것만으로도 그들을 마음에 품습니다. 자꾸 마음이 가고 부담이 느껴지는 것, 그것이 바로 소명입니다.

제 경우는 SNS를 보다가 성경적 메시지가 없는 게 안타깝고 더 나아가 부담으로 다가와서 지난 10여 년간 거의 매일 페이스북과 트위터에 글을 올리고 있습니다. 제겐 그게 소명인 거죠. 매일 아침 글을 올리는 일도 그렇고 매일 아침 설교의 자리에 서는 것도 그분의 부르심이 아니면 할 수 없다고 생각합니다. 소명이 아니라면 사흘도 못 할 거예요.

소명으로 하는 일은 피곤한 줄도 모르고 지치지도 않고 기쁨으로 하게 됩니다. 만일 하기 싫어서 자꾸 짜증이 난다면 당장에 그만두는 편이 낫겠지요.

예레미야가 하나님의 말씀을 전하지 않으면 그 중심에서 불이 붙는 것같아 견딜 수 없다고 했습니다. 소명은 그런 겁니다. 어떤 사람은 죽을 것 같다가도 설교단에 오르면 힘이 나서 설교하고, 어떤 사람은 글을 쓰지 않으면 숨을 쉬는 것조차 불편하고, 어떤 사람은 그림을 그리지 않으면 음식이 넘어가지 않습니다. 우리 교회 예배당을 장식해 주는 플로리스트는 매주 시간을 내서 늦게까지 힘써 장식을 하세요. 제가 감동을 받곤 합니다. 소명의식이 없다면 그렇게까지 정성을 쏟을 수 없거든요. 하나님이 나를 어디로 부르셨는지 아는 게 참 중요합니다.

귀신이 존재하나요?

● 현대 사회에 귀신이 있을까요? 귀신이 내 안에 있는지 없는지 어떻게 분별할 수 있을까요?

▲ 요새는 마귀, 귀신, 사탄 같은 단어를 말하면 코웃음을 칩니다. 도리어 미디어에선 귀여운 귀신 캐릭터를 만들어서 귀신과 친하게 지내자고 해요. 하지만 영적 존재를 무시하거나 그에 대해 무지하면 반드시 당하게 됩니다. 알면 안 당하지만 모르면 늘 당하게 되어 있습니다.

과학이 발달하면서 귀신이 어딨냐는 사람이 많지만, 귀신의 활동 영역은 훨씬 더 넓어졌습니다. 대기업에 다니는 어떤 분이 회사에서 안전을 기원하는 고사를 지내겠다는데 어떻게 해야 하느냐고 전화를 해왔습니다. 여러분은 어떻게 하시겠습니까? "오늘 하루 귀신에게 회사의 안전을 비는 고사를 지내는 대신에 저는 회사의 안전을 위해서 1년 내내 하나님께 기도하겠습니다." 담대하게 말해야 합니다. 그러나 귀신이 없다고 하면서도 중요한 결정이나 일을 앞두고 귀신을 찾는 샤머니즘이 뿌리 깊이 박혀 있는 곳이 지금 우리가 살고 있는 세상입니다.

분명하게 말씀드릴 수 있는데 귀신이 없다고 말하는 사람은 귀신의 밥이라는 사실입니다. 귀신의 밥에는 두 종류가 있는데, 하나는 귀신이 없다고 굳게 믿는 사람이고, 다른 하나는 귀신을 너무 두려워하는 사람입니다.

헬라어 '프뉴마'는 성령에도 쓰이고 귀신에도 쓰입니다. 영어 성경은 성령을 Clean Spirit으로, 귀신은 Unclean Spirit으로 번역하고 있습니다. 마귀가 있는 곳은 더럽습니다. 더러운 귀신은 깨끗한 존재인 예수님을 가장 두려워합니다. 더러운 귀신은 예수님의 말씀인 성경을 가장 싫어합니다. 그래서 성경만 읽으면 잠이 쏟아지는 경험을 해봤을 겁니다. 성경을 싫어하는 마귀의 훼방입니다. 그리스도인은 내 안에 있는 Unclean Spirit을 내쫓고 성경을 읽는 사람들입니다.

"죄를 짓는 자는 마귀에게 속하나니 마귀는 처음부터 범죄함이라 하나님의 아들이 나타나신 것은 마귀의 일을 멸하려 하심이라"(요일 3:8).

교회를 오래 다녔는데도 변화가 없는 사람이 있습니다. 왜 그럴까요? 아직도 우리 안에 마귀가 살기 때문입니다. Unclean Spirit은 우리가 믿음을 갖는 걸 방해합니다. 믿음은 성령의 역사입니다. 성령의 역사로 믿음을 가질 때 말씀이 깨달아지고 말씀대로 살기를 소망하게 됩니다.

"그들과 같이 우리도 복음 전함을 받은 자이나 들은 바 그 말씀이 그들에게 유익하지 못한 것은 듣는 자가 믿음과 결부시키지 아니함이라"(히 4:2).

믿음으로 받아들이지 않으면 말씀을 아무리 많이 읽고 들어도 변화가 일어나지 않습니다. 주일마다 교회에서 분주하게 일하시는 분들은 말씀이 들리지 않는 걸 경계해야 합니다. 피곤하단 이유로 말씀만 읽으려 하면 눈이 감기고, 말씀을 들으려 하면 꾸벅꾸벅 졸기 쉽습니다.

어떤 목사님이 주일마다 설교를 하긴 하는데 거기에 기쁨이 전혀 없었다고 합니다. 그렇게 20여 년을 목회했습니다. 그러다 결국 스스로 귀신을 쫓아내는 씨름을 했다고 간증을 했습니다. 20년, 30년 교회 다녀도 내 안에 어떤 영적 존재가 있는지 모릅니다. 심지어 성도들에게 예수의 길을 제시하는 목회자조차도 모를 수 있습니다.

그래서 사도 바울이 스스로 자신을 점검할 수 있는 리트머스 시험지 같은 것을 제시해 주었습니다. 바로 '항상 기뻐하라, 쉬지 말고 기도하라, 범사에 감사하라'입니다. 항상 감사하고 항상 기뻐하며 항상 기도하는데 귀신이 틈탈 수 없지요. 그러니 귀신 쫓으려 애쓰지 말고 예수님과 깊은 사랑에 빠지시기 바랍니다. 그러면 귀신에게 더 이상 시달릴 일 없습니다.

Q 귀신이 얼씬도 못 하게 하고 싶어요.

▲ 귀신을 내쫓아도 우리 안이 더러우면 귀신이 계속 들어온다고 성경은 말씀하고 있습니다. 파리를 아무리 내쫓아도 파리는 또 옵니다. 파리를 내쫓을 수 있는 방법은 더럽지 않게 하고 항상 깨끗하게 치우는 것입니다. 어떻게 치우면 될까요? 날마다 성경 말씀으로 더러움을 씻어 내고 회개함으로 영혼을 맑게 하면 됩니다. 이것이 곧 정결입니다.

십계명은 이 정결을 지키라는 하나님의 명령입니다. 나 외에 다른 신을 두지 말라, 우상을 만들지 말라, 내 이름을 망령되어 일컫지 말라, 안식일을 지키라, 부모를 공경하라, 살인하지 말라, 간음하지 말라, 도적질하지 말라, 거짓 증언하지 말라, 남의 것을 탐하지 말라, 이 열 가지의 금지사항은 모두 우리를 정결하게 하는 하나님의 처방이자 귀신이 들락거릴 수 있는 틈을 막는 마개와 같은 것입니다.

6장

가정
연애
사랑

권사님이신 시어머니 때문에 힘듭니다

● 시어머니가 권사님인데 자기의 신앙을 고집하며 주변을 힘들게 합니다. 어떻게 해야 하나요?

▲ 그 어머니를 놓고 생명을 걸고 기도해야 합니다. 자기가 영적으로 더 우위에 있다고 생각하는 종교성은 생명을 걸지 않으면 안 깨집니다. 정말 어려운 일이에요. 그래서 제가 평소 하는 말이 차라리 산 밑에서 놀고 있는 게 낫다는 것입니다. 북한산이 목적지인데 도봉산을 이미 오른 사람은 북한산으로 데려오기가 정말 힘듭니다. 도봉산 아래 있다면 차라리 데려오기가 쉽죠. 예수님 시대나 지금이나 종교인들은 골칫거리입니다. 다른 산에 올라가서 자기가 오를 곳까지 올랐다고 주장하는 사람들 때문에 문제입니다.

어머니가 권사라서 실망스러운 부분도 있을 겁니다. 하지만 어머니는 어머니로 받아들이십시오. 어머니를 불쌍히 여기고 어머니를 어머니로 사랑하셔야 합니다. 어머니가 그런 신앙을 갖게 된 건 어떻게 보면 교회의 잘못이기도 합니다. 헌금 잘하고 주일성수 잘하는 것만이 최고의 신앙이라고 배웠다면 그건 교회의 잘못이 큽니다. 그러니 그런 어머니를 위해 목숨을 걸고 기도하시기 바랍니다.

한편, 그런 어머니의 신앙을 내 잣대로 판단하고 있지는 않은지도 돌아보기 바랍니다. 권사가 이래야지, 저래야지 하는 나름의 잣대가 있을 수 있으니까요. 질문하는 분도 어머니를 어머니로 사랑하는 신앙을 갖게 되기를 바랍니다.

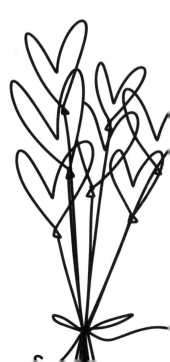

자녀가 내 뜻대로 되지 않습니다

●　　내 뜻대로 되지 않는 자녀를 사랑으로 바르게 양육하기 위해서는 어떻게 해야 할까요?

▲　　하나님의 사랑은 디테일과 스케일이 다 있는 사랑입니다. 누가복음의 비유(눅 15:12-13)에서 둘째 아들이 집을 나간다 했을 때 하나님은 어떤 말로도 책망하지 않고 순순히 허락해 줍니다. 아들이 걱정되고 고통스럽지만 집을 떠나서야 아버지의 사랑이 어떠한지를 깨달을 수 있기 때문에 허락해 주는 겁니다. 이것이 하나님 사랑의 섭리이며 넓이와 크기입니다.

우리는 아들을 사랑해서 떠나보낼 수 없습니다. 하지만 하나님은 아들을 사랑하므로 기꺼이 떠나보내십니다. 아들이 내 곁을 떠남으로써 진정한 사랑에 눈뜨게 하고 그 사랑을 갈망하며 마침내 그 사랑을 찾게 하는 것이 하나님의 사랑입니다. '사랑은 눈물의 씨앗'이라는 노래 가사도 있듯이, 눈물 없는 사랑은 없습니다.

Q 무조건 허용하는 사랑은 위험해 보입니다.

▲ 그렇죠. 부모로서 강하게 제지해야 할 때가 있습니다. 그런데 그러기 위해선 뼈를 깎는 시간을 통과해야 합니다. 부모 중심의 사랑, 부모 크기만큼의 사랑으로 그렇게 해선 안 됩니다. 하나님 사랑의 크기가 되려면 죽을 것 같은 고통의 시간을 지나야 합니다. 이 고통의 시간이 없으면 생각나는 대로 말하고 그때그때 상황에 따라 된다고 했다가 안 된다고 했다가 화를 냈다가 하게 돼요. 일관성이 없는 겁니다. 부모 자식 간의 관계만 나빠질 뿐입니다.

저도 제 자녀들에게 잘못한 게 많습니다. 외식하러 가자고 하고는 제가 먹고 싶은 곳만 갔습니다. 아내와 자식이 먹지 않으면 왜 먹지 않냐고 잔소리하고요. 그러니 차라리 집에서 굶는 게 낫다고 생각했을 겁니다. 사람의 사랑은 이런 식입니다. 이런 사랑을 벗으려면 뼈를 깎는 노력이 필요해요. 자녀는 부모가 자기중심적인 사랑을 하는지 안 하는지 금방 압니다. 나를 사랑해서 화를 내는 건지, 그냥 화가 나서 화를 내는지 기가 막히게 구별할 수 있습니다. 정작 부모는 자신이

자녀를 너무 사랑한다고 착각합니다. 우리는 자녀를 사랑할
줄 모르는 겁니다.

우리가 하나님 중심으로 살면 자녀는 반드시 바르게 살게 되
어 있습니다. 우리가 하나님 중심으로 분명하게 서 있으면
자녀는 반드시 돌아오게 되어 있습니다. 가더라도 멀리 못
갑니다.

예수님 말씀 그대로입니다.

"그런즉 너희는 먼저 그의 나라와 그의 의를 구하라 그리하
면 이 모든 것을 너희에게 더하시리라"(마 6:33).

이 약속을 믿으시기 바랍니다. 하나님 나라를 구할 때 하나
님의 사랑으로 자녀를 사랑하게 될 것입니다.

가족과의 관계를 회복하고 싶습니다

● 주님 안에서 화목한 가정을 이루고 싶은데 부모님과의 관계가 좋지 않아서 힘들어요 어떻게 관계를 회복할 수 있을까요?

▲ 예수를 만났다는 것은 사랑의 수원지에 빠졌다는 뜻입니다. 이미 화평케 하는 자가 되었기 때문에 부모로부터 학대를 당했다 하더라도 그 부모를 용납하고 사랑하며 그 관계를 회복하는 것이 누구의 책임이 아닌 내 책임이 되었습니다. 제주도에 사는 한 형제가 아버지와 관계를 끊고 살다가 예수님의 사랑이 가슴에 들어왔다고 합니다. 어느 날 제주도에 온 아버지를 마중 나가서 아무 말 없이 끌어안으며 "사랑해요" 했다고 합니다. 그 순간 끊어진 아버지와의 관계가 다시 회복되기 시작했답니다.

사실 가족으로부터 받은 상처만큼 용서하기 힘든 게 없습니다. 그럼에도 예수를 만난 우리는 이 힘든 관계를 화평의 관계로 바꿀 책임이 있습니다.

"남에게 대접을 받고자 하는 대로 너희도 남을 대접하라"(눅 6:31).

'대접받고 싶은 대로 대접하라'는 성경의 황금률입니다. 먼저 가족에게 이 황금률을 적용하기 바랍니다.

우리는 이미 삶과 죽음의 열쇠를 찾은 사람들입니다. 아직 찾지 못한 이들에게 먼저 문을 열어 줄 책임이 있습니다.

Q　　목사님은 예수님 만난 후 아버지로서, 남편으로서, 가장으로서 어떤 변화가 있었나요?

▲　　예수님을 만나기 전에 저는 믿는 아내를 괴롭혔습니다. 교회 다니지 못하게 하고 교회 얘기를 입 밖에도 꺼내지 못하게 했습니다. 그러나 예수님을 만난 후에는 아내의 말문을 열어 주고 제 말문은 닫아 버렸습니다. 그러기를 1년 반이 지나자 아내가 이렇게 말하더군요. "이제 당신을 믿을 수 있게 되었어요." 이 말을 들은 날은 내 인생이 가장 성공한 날입니다.

그동안에는 제가 세상에서 믿을 만한 사람이었는지 모르지만 가장 가까운 아내한테는 믿을 만한 사람이 아니었습니다. 가장 가까운 사람한테 믿을 수 있는 존재가 되는 것보다 더 중요한 일이 어디 있겠습니까? 너무 감격스러운 날이었습니다.

아이들과도 관계가 회복되었습니다. 특히 큰아들한테 야단을 많이 쳤는데 제 잘못을 시인하고 용서를 구했습니다. 아직 잘하고 있지는 않지만 이전처럼 아이들과 아내한테 군림하려 하지 않고 섬기는 아버지, 섬기는 남편이 되려고 노력하고 있습니다.

배우자와 잘 소통하는 방법은 무엇인가요?

● 　나를 긁는 말을 하는 남편(아내)과 다투지 않고 잘 소통하고
싶은데 어떤 방법이 있을까요?

▲ 　　부부지간은 가장 가까워서 촌수가 없습니다. 그만큼
소중한 사람인 동시에 너무 가깝고 편안한 사람인 거죠. 너
무 편하고 익숙하기 때문에 부부간에는 무엇보다 말조심을
해야 합니다. 그래서 부부간에 존댓말을 쓰는 것이 좋다고
생각합니다. 존댓말이 아니더라도 말할 때 두 번 세 번 생각
해야 합니다.

이렇게 말조심을 하는 부부는 관계가 매우 좋은데, 이들의
특징 중 하나가 일정한 시간을 정해 놓고 배우자와 시간을
보내는 겁니다. 어떤 중요한 약속이나 일이 있어도 그 시간
만큼은 침해당하지 않도록 합니다. 소중한 존재를 소중하게
대하는 겁니다.

특별히 부부간에 해서는 안 되는 말 중 하나가 서로의 부모
를 들먹이는 것입니다. 당사자인 배우자를 지적질하는 데서
나아가 그 어머니 아버지까지 지적질하면 그 파장이 상당히
큽니다.

그리고 부부간에는 말하기보다 듣는 게 중요합니다. 상대의 말을 잘 들어주는 것만으로도 인정받는 느낌을 주어서 관계가 부드러워집니다. 잘 듣는 일은 엄청난 인내가 필요한 일이에요. 그냥 들어서도 안 되고 반응을 하면서 들어줘야 합니다. 그럴 때 상대는 존중받는 느낌을 받게 되죠.

마지막으로 태도가 중요합니다. 굳이 말하지 않아도 존중받고 있다는 느낌을 주는 태도를 말합니다. 제스처나 스킨십이 그런 태도의 시그널이 될 수 있습니다. 말은 미안하다면서 태도가 전혀 미안하지 않으면 누가 그 말을 신뢰하겠습니까? 그래서 태도와 말이 일치되는 메시지를 보내야 합니다. 그럴 때 부부간에 깊은 신뢰가 생기지요.

그런데 이렇게 말하고 말을 경청하는 태도는 가장 먼저 하나님과의 관계에서 형성되어야 합니다. 하나님과의 관계에서 이런 것을 훈련하면 사람들과도 이런 관계를 맺을 수 있습니다. 그래서 신앙은 수평적인 관계에서 그 본질이 드러나게 되어 있습니다. 사람들과의 수평적인 관계에 문제가 있는 사람은 믿음을 증거할 능력이 없습니다.

그리스도인의 연애, 어떻게 해야 할까요?

● 그리스도인의 연애는 믿지 않는 사람과 달라야 할 것 같은데, 어떻게 해야 할까요?

▲ 연애는 올인해야 합니다. 비겁하게 이쪽저쪽 양다리 걸치는 연애를 하지 마십시오. 그런데 내가 왜 이 사람에게 올인하는가는 생각해 봐야 합니다. 그냥 느낌이 좋아서? 예뻐서? 내 관점을 가지고 사랑하면 반드시 싫어지는 날이 옵니다. 그럼 어떻게 해야 할까요? 내 안에 그리스도의 사랑이 차올라야 합니다. 그 사랑의 관점으로 누군가를 사랑해야 합니다. 그럴 때 상대의 허물은 내가 덮어 주고 보완해야 할 허물이 됩니다. 진짜 올인하는 연애를 하게 됩니다. 그러면 평생 연애할 수 있습니다.

사실 저는 연애라는 표현 대신 친밀감이라는 표현을 좋아합니다. 친밀감은 인물이나 학식 때문이 아니라 그 사람의 성품 때문에 더 깊어집니다. 얼마나 정직한가, 얼마나 성숙한가, 얼마나 바른 비전을 가지고 있는가, 이런 성품으로 인해 그 사람과 더 깊은 친밀감을 갖게 되는 거죠. 이 깊은 친밀감이 일생 동안 변하지 않는 연애를 하게 만듭니다.

●   하지만 연애를 하다 보면 자꾸 소유하고 싶고 더 큰 사랑을 요구하게 돼요. 제가 그런 사랑의 성품을 갖고 있지 않기 때문일까요?

▲   사랑한다면서 이것저것 요구하는 것은 진짜 사랑이 아닙니다. 사랑하기 때문에 자기 욕망을 절제하는 게 사랑이고, 사랑하기 때문에 끝까지 보호하고 지켜 주는 게 사랑입니다. 우리는 느낌을 사랑이라 하고 욕망을 사랑이라고 하지만, 아닙니다. 고린도전서 13장에서 사랑은 오래 참고 부드러우며 질투하지 않고 자랑하지 않고 교만하지 않고 무례하지 않고 화를 내지 않고 악한 것을 생각하지 않고 불의를 기뻐하지 않고 진리를 기뻐하고 모든 것을 참고 모든 것을 믿고 모든 것을 바라고 모든 것을 견디는 것이라고 합니다.

그러니 만일 이런 사랑을 할 수 없다면 내게 그 같은 성품이 없다고 보면 돼요. 마찬가지로 상대가 그런 사랑을 할 수 없다면 그런 성품이 안 된 거라고 보면 됩니다. 너한테 속았네, 상처받았네 하시나요? 처음부터 사랑 아닌 걸 사랑이라고 우겨서 그런 겁니다. 사랑이 무엇인지 제대로 알아야 합니다.

하나님은 차원 높은 사랑을 요구하십니다. 사랑의 기준을 양보하지 않으세요. 그 사랑의 기준은 거룩입니다. 깨끗한 것, 정결한 것, 정직한 것, 거룩한 것…. 이런 것들이 우리 성품으로 빚어져야 합니다. 하나님은 우리를 버릇 나쁜 사람으로 내버려 두지 않으십니다.

똑같은 실수, 똑같은 잘못을 자꾸 반복하십니까? 정말 사랑하는 사람이 듣기 싫은 소리를 하면 귀를 열어서 듣게 되어 있습니다. 그리고 힘써 고치죠. 우리가 계속 같은 실수, 같은 잘못을 반복하는 것은 그것을 지적하시는 하나님을 진심으로 사랑하지 않기 때문입니다.

예수님의 사랑을 깨닫게 되면 누구든지 변할 수밖에 없습니다. 저는 사창가에서 평생 몸 팔던 여자가 예수 만난 뒤 변하는 걸 봤습니다. 동성애로 시달리던 사람이 신학교에 간 것도 봤어요. 우리 모두 예수님의 사랑을 깨달아 그 사랑을 받게 되기를 바랍니다. 그 사랑을 받는 사람은 다른 사람도 그 사랑으로 사랑하게 됩니다. 사랑할 줄 아는 사람이 되는 겁니다.

배우자 기도에서 리스트를 작성하는 게 맞나요?

🔍   자기가 원하는 배우자의 모습을 리스트로 정리해서 기도하는 사람들이 있습니다. 그게 맞는 건가요?

▲   어떤 사람은 50가지 써 놓고 49가지 응답받았다고 합니다. 그렇게 기도하는 것, 나쁘지 않습니다. 그런데 저라면 50가지 목록을 써 놓고 제가 그런 사람이 되게 해달라고 기도할 것 같습니다. 50가지 중 49가지를 응답받은 배우자를 만났지만 정작 내가 그 사람과 어울리지 않는 인격을 가졌다면 그 가정이 행복할까요?

좋은 배우자가 되겠다고 기도했고 응답받아 변화되었는데 배우자가 나타나지 않습니까? 그건 혼자 살라는 뜻일 수 있지요. 가장 좋은 독신의 선물을 주신 겁니다. 성경은 독신도 선물이라고 말씀합니다. 혼자 사는 것도 선물이고 결혼해서 가정을 이루는 것도 선물입니다. 어떤 삶이 주어지든 그것이 최선이라고 생각하면 됩니다.

● 　이런 점은 마음에 드는데 저런 점은 마음에 들지 않아서 결혼을 결심하기가 힘들어요.

▲ 　그래서 지혜로운 사람은 결혼 상대에 대해 한껏 눈을 높이 뜨지 않습니다. 내가 그 사람한테 필요해서 결혼해야지 내가 그 사람이 필요해서 결혼을 결심하면 갈등을 겪을 수밖에 없습니다. 상대의 부족을 채워 주고 싶다는 동기로 결혼을 하면 은혜로운 결혼 생활을 하게 됩니다. 따라서 나의 부족을 채우는 사랑이 아니라 내가 그의 부족을 채우는 사랑을 해야 합니다.

하나님으로부터 사랑과 은혜를 공급받는 사람은 남한테 공급해 달라고 요구하지 않습니다. 이미 충분하기 때문입니다. 그리고 나의 부족은 절대 사람을 통해 채워지지 않습니다. 하나님만이 충족시킬 수 있어요. 하나님과 깊은 관계를 형성한 사람은 수평적인 관계인 배우자, 자녀, 사람들과도 건강한 관계를 맺습니다. 가장 중요한 건 하나님과의 관계입니다. 하나님으로부터 내 공허함이 채워져야 합니다.

저는 아내와 30여 년 살았습니다. 그런데 10년, 20년, 30년을 넘을 때마다 고비가 있었습니다. 그리고 세월에 따라 그 내용이 달라졌습니다. 저와 아내는 사랑해서 부부가 되었습니다. 그런데 부부가 된 뒤 믿음 안에서 한 차원 더 깊은 관계로 나아갈 수 있었습니다. 그것은 어느 무엇과도 비교할 수 없는 영적인 기쁨입니다. 이 기쁨을 누릴 수 있기를 축원합니다.

좋은 배우자를 만나기 위해 어떻게 기도해야 하나요?

● 좋은 배우자를 만나 행복한 결혼 생활을 하고 싶습니다. 이를 위해 어떻게 기도해야 할까요?

▲ 결혼에 대해서는 제가 늘 하는 얘기가 있습니다. 첫째는 좋은 배우자를 찾기 전에 내가 좋은 배우자가 되어야 한다는 사실입니다. 내가 좋은 배우자가 되는 것보다 더 좋은 배우자를 만날 수 있는 방법은 없습니다. 내가 좋은 배우자가 되지 않으면 백마 탄 왕자를 만나도 관계를 망치고 맙니다. 왕자도 거지로 만들어 버립니다. 하지만 내가 진짜 훌륭한 배우자라면 거지를 왕자로 만들게 됩니다. 행복한 결혼 생활은 '누구를 만나느냐'에 달려 있지 않습니다. '내가 누구냐'에 달려 있습니다.

둘째는 하나님은 내 욕망, 내 성공을 위한 발판으로서 결혼을 허락하시지 않았다는 겁니다. 어쩌면 오히려 우리의 모난 부분을 다듬기 위해 결혼을 허락하셨는지도 모릅니다

백 가지, 천 가지 조건을 나열해도 좋습니다. 차는 소나타 이상, 연봉은 5천만 원 이상 맞춰 달라고 기도하는 사람도 보았습니다. 하지만 하나님은 나를 던져서라도 사랑할 수 있는

사람을 만나게 하셔서 사랑을 완성하기 위해 가정을 허락하시고 배우자를 허락하십니다. 내가 허물어지지 않고서는 새로 세워질 수 없습니다. 나를 세워 가기 위해 하나님은 나를 허물만한 능력이 있는 배우자를 주십니다.

잘 먹고 잘살기 위해서 결혼한다고요? 남들이 부러워하는 호화 결혼을 하고 싶다고요? 그렇게 해서 잘사는 부부를 본 적이 없습니다. 오히려 비극적인 결말을 맞곤 하지요. 따라서 결혼의 목적이 달라져야 합니다. 처음은 조촐하더라도 함께할수록 인생이 풍성해지는 결혼이 되어야 합니다.

결혼을 놓고 기도할 때 대개 자기 수준으로 하게 마련입니다. 하나님 수준으로 기도하려면 말씀을 봐야 합니다. 그렇다고 선교사를 만나게 해달라는 기도를 드리라는 건 절대 아닙니다. 여러분이 선교할 만한 능력이 없으면 그런 사람 주시지도 않습니다. 신학교 가는 사람 절대 만나고 싶지 않아요, 해도 감당할 만해야 그런 사람을 주십니다.

성적인 욕망과 사랑을 어떻게 구별하나요?

Q   누군가를 사랑한다고 생각했는데 성적인 욕망에 불과한 경우가 있습니다. 성적 충동과 사랑을 어떻게 구별하나요?

▲   성적인 욕망은 사랑일 수도 있고 그냥 단순한 욕망이나 충동일 수도 있습니다. 이 세대가 성적인 욕망과 사랑을 혼동하는 것은 사랑을 자꾸 고갈시키는 사회적 책임이 크다고 봅니다. 사랑이 부족하니까 가짜 사랑에 속고 자꾸 성적인 것에 매달리게 되는 거죠.

성적 충동을 사랑이라고 착각한 대표적인 이가 암논입니다. 폭력을 행사해서라도 욕망을 채우더니 결국 비명횡사했잖아요.

삼손도 그런 인물입니다. 삼손은 하나님과 교제하지 않은 사사였습니다. 하나님의 능력을 받았지만 하나님과 사랑의 관계를 맺지 못했기에 삼손은 늘 사랑에 허기졌고, 여자만 보면 병적으로 불타올랐습니다. 참사랑을 경험한 적이 없기 때문에 계속 달콤한 말에 속고 성적인 유혹에 빠져들었습니다.

사도 바울이 사랑은 오래 참고 모든 것을 견딘다고 했는데 삼손에겐 성적인 충동을 억제할 참사랑이 없었던 겁니다.

바울이 말한 참사랑이 나한테 없다는 걸 알 때 우리는 그리스도와 사랑의 관계로 들어갈 수 있습니다. 그 사랑은 내 안에서가 아니라 바깥으로부터 들어와야 한다는 것을 깨닫기 때문입니다. 그리스도의 사랑이 내게로 들어올 때 성적인 충동이 사랑이 아님을 알게 되고 그분의 사랑을 닮아 가는 사랑을 할 수 있게 됩니다. 더 깊어지고 성숙해지는 사랑을 할 수 있는 겁니다.

창세기에 아담과 하와가 벌거벗었으나 부끄러워하지 않았다고 기록되어 있습니다(창 2:25). 단순히 옷을 벗었는데도 불구하고 부끄럽지 않았다는 의미만은 아닙니다. 모든 허물과 단점을 다 드러냈음에도 서로 부끄럽게 만들지 않았다는 의미로 받아들여야 합니다. 아담과 하와가 이런 사랑을 했다는 겁니다. 성숙한 인격에 이르지 않고는 이런 사랑을 할 수 없습니다.

설사 성적인 이끌림에 의해 사랑해서 결혼했다 하더라도 거기에 머물러선 안 됩니다. 서로 벌거벗었지만 부끄럽지 않은 관계, 그 허물까지도 같이 책임져 주는 관계, 서로 보호하고 지켜 주는 관계, 함께 인격이 성숙해 가는 그런 인격적인 사랑을 지향해야 합니다.

'Fall in love with someone', 성경적으로는 이런 표현이 틀렸다고 봅니다. 사랑은 빠지는 게 아니라 건져 내는 것입니다.

진짜 사랑이 뭔가요?

● 　　세상에서 이야기하는 사랑 말고 성경에 나오는 진짜 사랑이 무엇인지 궁금합니다.

▲ 　　성경에서 진짜 사랑을 한 사람들이 종종 나옵니다. 향유 옥합을 깨뜨려 예수님의 고단한 발을 씻긴 마리아가 그런 사랑을 했습니다(막 14:3). 이스라엘은 건조한 기후여서 바깥출입을 하고 나면 반드시 발을 닦아야 했습니다. 다시 말해 발이 몹시 더러워진다는 의미입니다. 마리아는 그 더러운 발을 평생을 아껴 온 향유로 씻어 주었습니다. 사랑하면 가장 더러운 곳을 내가 덮어 주고 닦아 주고 씻어 주게 됩니다. 마리아와 대비되는 인물이 바로 가룟 유다입니다. 그는 마리아가 깨뜨린 향유가 300데나리온이나 된다면서 그것으로 가난한 사람들을 돕지 않고 발 씻는 데 낭비했다고 마리아를 비난합니다. 가룟 유다는 예수님과 동고동락하며 가장 가까이에서 예수님을 만난 제자였지만 예수님을 사랑하지는 않았습니다.

요한은 가룟 유다에 대해 "그는 도둑이라 돈궤를 맡고 거기 넣는 것을 훔쳐 감이러라"(요 12:6)라고 표현합니다. 가룟 유다는 돈에 관심이 많은 사람이었던 겁니다. 사랑이 없으면 계산부터 합니다. 내가 이 시간을 들이면, 내가 이 재능을 기부하면, 내가 돈을 들이면 내게 얼마나 돌아올까, 얼마나 보답을 받을까를 계산하는 겁니다. 우리는 이런 걸 잔머리 굴린다고 말하지요.

사랑하는 사람은 안 따집니다. 사랑은 허비할 줄 아는 겁니다. 기꺼이 허비하는 것입니다. 기쁨으로 내 시간을 드리는 것, 내 재능을 드리는 것, 내 모든 걸 드리는 게 아깝지 않습니다. 가성비나 효율성을 따지지 않기로 작정한 겁니다.

Q   기꺼이 허비하는 것이 쉽지는 않습니다.

▲   몇 해 전 우리 교회 성도들과 영화 〈사도 바울〉을 보러 갔습니다. 성경에서 늘 읽어서 너무나 잘 아는 내용인데도 우리는 모두 눈물을 쏟았습니다. 사도 바울은 1만 6000km를 걸어서 전도여행을 했습니다. 뱃길까지 합치면 2만 km가 넘습니다.

무슨 소득이 생긴다고 전도여행을 다닌 게 아닙니다. 누가 알아봐 줘서 한 것도 아닙니다. 누가 시켜서 한 것은 더더욱 아닙니다. 그럼에도 사도 바울은 길을 나섰습니다. 그것이 헛

된 걸음이라고 생각했다면 절대 그렇게 열심히 전도여행을 다니지 않았을 것입니다. 그렇습니다. 하나님을 섬기는 걸음은 헛된 걸음이 없습니다. 사도 바울이 그 기나긴 시간을 들여 전한 복음이 오늘 우리에게까지 전해졌습니다. 얼마나 귀한 걸음입니까?

예수님은 "온 천하에 어디서든지 이 복음이 전파되는 곳에서는 이 여자가 행한 일도 말하여 그를 기억하리라"(마 26:13)고 하셨습니다. 예수님은 여인의 향유를 '거룩한 허비'라고 말씀하신 겁니다.

여리고의 세무서장 삭개오는 예수님이 여리고에 오셨다는 소식을 듣고 어떻게든 만나 뵈려고 뽕나무 위로 올라갔습니다. 너무나 간절했던 겁니다. 그런 삭개오를 알아보고 예수님은 그의 집에 가겠다고 하십니다. 많은 사람들이 예수님이 삭개오 집에 가는 것은 시간 낭비라고 생각했을 때 예수님은 굳이 삭개오 집을 방문합니다. 그리고 그날 밤 '이 집에 구원이 이르렀다'고 선포하십니다. 구원은 어디에 임합니까? 그런 간절한 마음, 가난한 마음, 하나님을 어떻게든지 알고자 하는 마음, 그 마음에 구원이 임합니다.

예수님은 누구도 가까이 가는 것조차 싫어하는 나병환자를 마다하지 않았습니다. 당시 가족들도 나병환자를 만지지 못했습니다. 어린아이들조차 돌을 던지며 나병환자를 업신여

겼습니다. 그들은 마을 가까이로 지나갈 때면 "나는 부정하다, 나는 부정하다"라고 소리쳐서 사람들이 접근하지 못하게 해야 했습니다. 그런 그들에게 예수님은 손을 내미셨습니다. 가장 더럽다고 하는 곳에 손을 대는 것, 이것이 예수님의 사랑입니다.

진짜 사랑은 더러운 발을 씻어 주는 사랑입니다. 허물을 가려 주는 사랑입니다. 그런데 이 사랑은 하나님의 은혜가 우리 가운데 임해야 할 수 있습니다. 그런데 그 사랑이야말로 바른 믿음 아니겠습니까?

마음이 안 맞는 사람까지 사랑해야 하나요?

Q 그리스도인으로서 모든 사람을 사랑해야 할 것 같은데, 마음이 맞지 않는 사람까지 사랑하기가 어렵습니다.

▲ 우리는 예수님을 닮아 가는 사람이지 예수가 아닙니다. 우리는 모든 사람을 사랑할 수 없습니다. 예수님도 열두 제자를 부르셨지만 특별히 베드로와 요한, 야고보를 데리고 변화산도 가고 회당장 야이로 집에도 가셨습니다.

한정된 시간과 공간을 살아가는 우리가 모든 사람을 사랑한다는 건 아무도 사랑하지 않는 것과 같습니다. 그러므로 어느 한 사람에게 집중적으로 사랑하는 마음을 주셨다면 그 사람만 사랑하듯이 사랑하면 됩니다.

저는 목회자로서 우리 교회 성도들을 다 알지 못합니다. 그런 제가 여러분을 사랑한다고 하면, 그건 거짓입니다. 시간을 같이 나누고 같이 기도하고 같이 고통과 슬픔을 나눌 때 형제요 자매입니다. 그리스도인이 좋은 사람이라고요? 단 몇 사람에게라도 집중하는 사람보다 훨씬 안 좋은 사람일 수 있습니다.

마음에 안 맞는 사람이 있습니까? 자꾸 미운 마음이 생기십니까? 죄책감 가질 필요 없습니다. 나도 내가 마음에 안 들 때가 많잖아요. 내 힘으로는 나 자신도 사랑할 수 없습니다. 그분이 내 안에 오셔야 비로소 사랑할 줄 아는 사람이 되는 겁니다.

하지만 하나님이 특별히 마음 쓰도록 하는 사람이 있다면 기도해야 합니다. 이래도 생각나고 저래도 생각난다면 먼저 기도의 자리로 나아가야 합니다. 그 사람은 하나님이 나에게 주신 사람입니다. 그 사람을 위해 집중적으로 기도하면 관계가 생기게 됩니다. 그 관계를 통해 복음도 전할 수 있습니다.

그리스도인의 사랑은 어떻게 다른가요?

●   믿지 않는 사람들도 나름의 멋진 사랑을 하는데, 그리스도인의 사랑은 그들과 무엇이 어떻게 다른가요?

▲   그리스도인의 사랑의 클라이맥스는 '원수를 사랑하는 것'입니다. 하지만 '눈에는 눈, 이에는 이'가 사회 정의였던 당시로선 예수님의 '원수를 사랑하라'는 말씀은 청천벽력과 같은 것이었습니다. 예수님은 십자가에서 고통 가운데 있으면서 "저들을 용서해 주십시오"라는 기도를 했습니다. 이로써 예수님은 이 땅의 증오를 불식하고 사랑으로 끌어안는 새로운 패러다임을 제시하셨습니다. 하나님은 악인이든 선인이든 똑같이 비를 내리고 햇빛을 내려 주십니다. 무조건적인 사랑, 다함이 없는 사랑을 주님은 우리에게 주십니다.
그런데 여러분은 원수를 사랑할 수 있습니까? 우리로선 할 수 없지만 예수님이 우리 안에 오시면 할 수 있습니다. 실제로 손양원 목사님은 자기 아들을 살해한 사람을 용서했을 뿐 아니라 양아들로 삼아 돌보았습니다. 순교자들도 자기 목숨을 아끼지 않고 타인을 사랑한 사람들입니다. 주님이 그 안에 살아 있는 사람은 이런 사랑을 할 수 있습니다.

바울은 고린도전서에서 "내가 어렸을 때에는 말하는 것이 어린아이와 같고 깨닫는 것이 어린아이와 같고 생각하는 것이 어린아이와 같다가 장성한 사람이 되어서는 어린아이의 일을 버렸노라"(고전 13:11)라고 말합니다. 사랑하면 어른이 됩니다. 왜 그렇습니까?

사랑한다는 것은 내가 기준이 아니고 당신이 기준이 되는 것입니다. 소중한 당신을 배려하니까 내 감정, 내 느낌대로 행동하지 않습니다. 누군가를 진심으로 사랑할 때 우리는 성숙해집니다. 어리석은 세상을 사랑할 때 세상도 성숙해질 줄로 믿습니다.

요한은 "자녀들아 우리가 말과 혀로만 사랑하지 말고 행함과 진실함으로 하자"(요일 3:18)고 말했습니다. 백 마디 해봐야 소용이 없습니다. 그래서 사랑이 깊어지면 손해 볼 수밖에 없습니다. 내가 손해 보는 능력, 그게 사랑입니다. 끝까지 사랑하기 위해서는 어떤 걸 포기해야 하고 내려놓아야 하는지, 기꺼이 어떤 손해를 감수할 것인지를 결정해야 합니다.

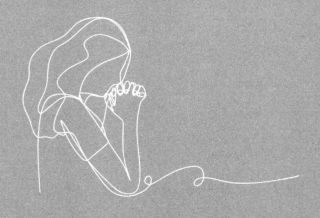

Q 7장

일상생활

진정한 기쁨을 누리고 싶어요

● 　사는 게 기쁘지 않아요. 어떻게 하면 진정한 기쁨을 누릴 수 있나요?

▲ 　하나님과의 관계에서 기쁨을 누려 본 사람은 그 기쁨이 관계적 용어라는 걸 압니다. 그러니까 나 혼자 뭘 먹어서 기쁜 게 아니라 나눠 먹을 때 기쁨을 더 느끼는 것입니다. 나 혼자 성취되어서가 아니라 그 사람과 함께 성취될 때 더 기뻐하게 됩니다. 부모는 내가 잘되는 것보다 자녀가 잘될 때 더 기뻐하잖아요. 그와 같은 겁니다.

그리스도인은 서로에게 감사하다, 고맙다, 기쁘다고 말하는 사람들입니다. 그런 마음이 우리 안에 차고 넘칠 때 누구를 만나도 이런 말이 자연스럽게 나오게 됩니다. 심지어 경쟁 상대인 회사 동료가 잘되었을 때도 진심으로 기뻐할 수 있습니다.

제가 집사 시절에 지인이 자녀의 대학 합격 소식을 전하기에 기뻐서 펄쩍펄쩍 뛰었습니다. 주변의 친척과 가족들은 나처럼 기뻐하지도 않으면서 한턱 쏘라고만 했답니다. 그분이 자기 일처럼 기뻐해 준 저와 축배를 들고 싶다고 하더군요.

그리스도 안에서 형제와 자매가 된 사람은 피를 나눈 가족과
도 할 수 없는 기쁨을 나누게 됩니다. 진심으로 축하해 주고
격려해 주고 기뻐해 주는 관계가 되는 겁니다.

나 한 사람의 기쁨이 인생에서 얼마나 되겠습니까? 형제와
자매의 기쁨까지 합치면 인생이 온통 기쁨이지 않겠습니까?
신앙이 좋은 사람들은 항상 웃습니다. 얼굴이 늘 기쁩니다.
그의 기쁨으로 인해 세상이 밝아집니다. 사실 우리가 무엇을
해서 세상을 밝게 할 수 있을까요? 그저 기뻐하고 웃어 줄 때
세상이 환해지고 밝아지는 것입니다.

돈 많이 번다고 세상이 밝아질까요? 아닙니다. 싱가포르는
국민소득 6만 불이 되었지만, 더 많은 돈을 벌겠다고 전에 없
던 카지노를 지었습니다. 물질적인 여유가 마음의 여유를 가
져오지 않는 겁니다.

기쁨은 지금보다 더 많이 가진다고 더 커지지 않습니다. 우
리가 죄인이기 때문에 그렇습니다. 그래서 예수님이 우리 죄
를 탕감하기 위해 십자가를 지신 겁니다.

예수님이 베푸신 구원으로 인해 죄로부터 벗어났기에 우리
는 기뻐할 수 있습니다. 기쁨이 샘솟듯 해서 남을 기쁘게 하

고 세상을 기쁘게 할 수 있습니다. 이 기쁨을 누리고 흩뿌리는 우리가 되기를 바랍니다.

그리스도인으로서 어떻게 일해야 합니까?

●   그리스도인으로서 직장 생활하는 게 너무 힘들어요. 어떻게 해야 잘할 수 있을까요?

▲   그리스도인의 Integrity(진실성), Passion(열정)이 세상을 바꾸는 힘이라고 믿습니다. 어쭙잖은 믿음, 어쭙잖은 착함으로는 세상을 질리게 만들 뿐입니다.

진정한 그리스도인이라면 첫째, 주어진 상황에 굴복하지 않습니다. 상황이 나를 규정하는 것을 그렇게 호락호락 받아들이지 않습니다.

둘째, 세상 사람과 계산 방식이 다릅니다. 남보다 두세 시간 일찍 출근해서 퇴근도 더 늦게 하지만 남한테 잘 보이려고 일하지 않습니다. 사람이 아니라 하나님 눈치를 보는 사람은 사람들이 그 사람 눈치를 보게 되어 있습니다. 자기 일을 천하보다 귀한 일로 여기며 일하는데 누가 그런 사람을 하찮게 볼 수 있겠습니까? 여기에 겸손하기까지 하면 영향력이 생깁니다. 진짜 리더가 되는 겁니다. 그리고 이때 그리스도인으로서 복음으로 살게 됩니다.

셋째, 어떤 일을 하든지 내 수준으로 그 일을 바라보지 않습니다. 벽돌 하나를 쌓아도 나는 담을 만든다, 나는 건물을 만든다, 나는 하나님의 성전을 만든다는 마음가짐으로 일합니다. 어떤 일이든 내 수준으로 보면 가치가 없어 보입니다.

그리고 '나는 힘들게 살겠다'고 결심해야 합니다. '편하게 살겠다' 하면 내 수준의 일밖에 하지 못합니다. 수요예배, 금요예배, 주일예배 드리러 간다 하면서 자기 일을 가치 없게 만들어선 안 됩니다. 자기 일을 하찮게 만들면서 교회 얘기를 들먹거리면 아무도 그 사람을 신뢰하지 않습니다. 실제로 그런 사람은 회사에선 교회 얘기를 하고, 교회에선 회사 얘기를 하며 어느 곳에서도 충성되지 못한 경우가 많습니다.

그리스도인은 세상에 선함의 원천이 되고 소망의 원천이 되고 능력의 기준이 되어야 합니다. 그래서 '저 사람처럼 돼야 하겠다'는 말을 듣는 사람이 되어야 합니다. 우리는 하나님 때문에 낙심하지 않는 존재가 되었고, 하나님의 선하심 때문에 포기하지 않는 존재가 되었습니다. 이런 삶을 사는 사람들 곁에 있으면 낙심한 사람이 힘을 얻고 일어서게 되어 있습니다. 믿는 사람의 힘은 이렇게 발휘되어야 합니다.

▬ 사회생활과 신앙생활이 충돌합니다

◐· 사회생활과 신앙생활을 모두 잘하고 싶은데 이 둘이 충돌할 때가 종종 있습니다. 어떻게 해야 진정한 그리스도인으로서 둘 다 균형 있게 잘할 수 있을까요?

▲ 예수님은 세상에 속한 자가 되지 말라 하셨습니다. 세상에 속한 자란 세상의 가치를 따르는 사람입니다. 그리스도인은 세상에 속한 사람이 될 수 없습니다. 그러니 당연히 충돌할 수밖에 없습니다.

우리가 일하는 회사가 요구하는 가치가 예수님이 요구하는 가치와 부딪힌다면 사표를 내야 하겠지요. 예를 들어 회사가 하천에 쓰레기 폐기물을 버리라고 한다면 그걸 따를 수 있습니까? 회사의 잘못을 고발하거나 회사를 그만두어야 합니다. 분식회계를 해라 하면 그걸 못하도록 회사를 설득하거나 회사를 그만두는 수밖에 없습니다. 영화 〈투캅스〉를 보면 사회의 법과 질서를 바로잡아야 할 경찰이 오히려 뇌물을 받고 범죄자와 한통속이 됩니다. 사회와 충돌할 때 우리가 선택할 것은 하나님의 법이고 하나님의 뜻입니다. 그렇지 않으면 세상을 어지럽히는 사람이 되고 맙니다.

222

세상에 나가 죄를 짓고는 교회에 와서 눈물 흘리며 회개하고 다시 나가 죄짓기를 반복하는 사람이 교회에 너무 많습니다. 그러니 이 땅에 교회가 6만 개가 넘는다는데 세상이 달라지지 않는 것입니다. 그리스도인이 천만 명이라는데 세상이 전혀 달라지지 않는 겁니다.

일본의 그리스도인은 1%도 안 되지만 그들은 세상에 선한 영향력을 끼치고 있습니다. 손해 보는 걸 감수하고 이지매(괴롭힘)를 당해도 견디며 정직하게 살아가니까 세상 사람들이 그리스도인의 말과 행동을 존중하고 믿습니다.

파키스탄의 그리스도인들은 무슬림이 언제 테러를 가할지 모르는 위험한 상황에서도 모여서 예배를 드립니다. 실제로 자살폭탄 테러가 일어나서 사람이 죽고 예배 처소 사방으로 피가 튀는 참혹한 일도 당했습니다. 제가 무슬림의 테러로 인해 다리를 잃은 사람한테 그 테러리스트를 기억하냐고 물었더니 기억한다면서도 그가 밉지는 않다고, 이미 용서했다고 대답하더군요.

그리스도인이 된다는 것은 세상과 대척점에 선다는 것을 의미하기도 합니다. 삶의 기준이 다르기 때문입니다. 나를 미워하는 사람들을 사랑하며 살아야 하는 사람들이 바로 그리스도인입니다. 선교사들은 그렇게 삽니다. 환영받지 못해도 가고, 가자마자 죽기도 하지만 복음을 전하러 갑니다. 우리나라도 그런 땅이었습니다. 우리가 지금 이렇게 예배드릴 수 있는 건 그분들 덕분입니다.

솔직히 말하면, 이 땅에 그리스도인이라 불리는 사람, 이름만 그리스도인인 사람이 너무 많은 게 문제라고 생각합니다. 주일이면 모여서 예배드리지만 다시 일상이 시작되면 세상을 좇는 사람들이 너무 많습니다. 그러니 우리가 드리는 예배가 종교 놀음에 지나지 않는 겁니다. 세상에 어떤 충격도 줄 수 없는 사람들이 너무 많습니다. 믿음의 길은 절대 녹록한 길이 아닙니다. 절대 편안한 길이 아닙니다. 그리스도인으로 산다는 것은 내가 죽는 길이며 죽음을 각오하는 길입니다.

일에 쫓겨서 늘 분주합니다

● 일에 쫓겨서 사는 삶이 너무 힘들어요. 바쁜 일상 가운데
신앙을 잘 지키려면 어떻게 해야 하나요?

▲ 현대인의 삶은 라이프사이클 자체가 매우 바쁘지
만, 그리스도인은 의식적으로 바쁘지 않기로 결단하며 살아
야 합니다. 바큇살은 바쁘게 돌아가도 바퀴의 중심은 바쁘지
않습니다. 일상의 삶은 바쁠지라도 그 중심은 바쁘지 않아야
합니다.

예수님도 매우 바쁘게 사셨습니다. 식사할 겨를도 없이 바쁘
셨습니다. 하지만 바큇살의 중심과도 같이 언제나 고요한 상
태를 유지하셨습니다. 곤하게 주무실 만큼 피곤한 하루하루
였지만 예수님의 마음은 피곤하지 않았습니다. 마음의 중심
이 일렁거리면 몸보다 마음이 빨리 지치고 피곤합니다. "메
마른 땅을 종일 걸어가도 나 피곤치 아니하며"라는 찬양 가
사처럼 그 중심이 고요한 사람은 일상이 매우 바빠도 평안함
을 유지합니다.

예수님의 평안은 때를 가리지 않고 하나님을 만나는 시간에
서 나왔습니다. 우리 역시 각 사람의 형편에 따라 시간을 정

해 하나님을 만나는 시간을 가져야 합니다. 아침 묵상이어도 좋고 잠들기 전 시간이어도 좋습니다. 주부라면 아이들이 잠든 시간에 묵상의 시간을 가지면 좋을 것입니다. 이 시간은 하나님 아버지 앞에 잠잠하게 머무는 시간입니다. 나보다 나를 더 잘 아시는 분 앞에서 나를 열어 보이는 시간입니다. 누구에게나 이런 시간이 필요합니다.

옛날 사람들은 삶과 쉼이 절묘한 균형을 이루고 있었습니다. 바쁜 농번기를 지나면 한가한 농한기를 맞을 수 있었습니다. 노동과 삶이 분리되지 않은 삶을 산 것입니다. 하지만 현대인은 노동과 삶이 심각하게 분리되어 있습니다. 그래서 옛날 사람만큼 심한 노동을 하지 않지만 정신적으로나 육체적으로나 훨씬 더 피곤한 상태입니다.

그리스도인에게 하나님을 만나는 시간은 삶과 쉼의 균형을 이루게 해줍니다. 삶과 신앙이 분리되지 않는 길도 이 시간에서 비롯됩니다.

'온유하다'는 것은 어떤 모습인가요?

● 그리스도인은 항상 온유하고 겸손해야 하지만, 예수님처럼 강하게 나가야 할 때도 있지 않나요?

▲ 모세는 "이 사람 모세는 온유함이 지면의 모든 사람보다 더하더라"(민 12:3)는 평가를 받았습니다. 온유한 사람 모세는 자신을 비방하는 이스라엘 백성에게 분노하지 않았습니다. 오히려 자기를 비방한 사람을 하나님이 벌하신다고 할 때 만류했습니다. 온유한 사람은 나를 향한 비방이나 분노, 불이익에 대해 분노하지 않습니다. 거기에 대응하지 않습니다. 그러나 사회 정의를 실현하고 약자의 불이익에 항변하기 위해서는 목소리를 높입니다.

예수님은 당신 스스로 '나는 온유하고 겸손하다'고 하셨습니다. 그런 예수님은 성전에서 양을 팔고 환전하는 사람들을 향해 "아버지의 집을 강도의 소굴로 만들었다"면서 상을 엎어 버리셨습니다. 그야말로 불같은 모습입니다. 그리스도인은 하나님의 이름이 땅에 떨어졌을 때, 사회적 약자가 억울함을 당했을 때 분노할 수 있어야 합니다. 자기를 변호하기 위해선 입을 다물고, 남과 사회를 변호하기 위해선 입을 열어야 합니다.

선을 행하다 낙심하는 것은 어떤 것인가요?

🔵   선을 행하다 낙심하지 말라는 말씀이 있습니다. 선을 행하는 것은 무엇이며 그러다 낙심하는 것은 어떤 것인가요?

▲   성경을 보면 어떤 부자 관원이 예수님을 찾아와서 영생을 얻는 방법을 묻는 장면이 나옵니다. 이때 부자 관원이 예수님을 '선한 선생님이여'라고 부릅니다. 그러자 예수님이 이렇게 대답하십니다.

"네가 어찌하여 나를 선하다 일컫느냐 하나님 한 분 외에는 선한 이가 없느니라"(막 10:18).

이 말씀은 사람이 하는 일에는 선함이 없다는 의미이기도 합니다. 그렇다면 사람이 할 수 있는 선한 일은 무엇일까요? 바로 선한 분을 아는 겁니다. 그 선한 분이 우리 안에 계십니다. 우리는 그저 선한 분의 임재 가운데로 들어가면 됩니다. 그래서 하나님을 아는 것이 선입니다.

이웃을 돕는 적선은 그리스도인이 아니라도 할 수 있는 일입니다. 그런 차원의 선한 일은 얼마든지, 누구든지 할 수 있습니다. 그러므로 그리스도인이 선을 행한다는 것은 궁극적으로 하나님과 튼튼한 관계를 맺고 끝없이 그 관계를 이끌어

가는 것을 말합니다.

무슨 일을 하다가 낙심하는 까닭은 그 행위의 주체가 나이기 때문입니다. 내가 뭔가 행하다 어떤 가시적인 결과가 없으니까 낙심하는 겁니다. 때때로 "하나님의 일을 하다가 지쳤다"라고 말하는 사람이 있는데, 분명히 알아야 합니다. 하나님의 일을 한 게 아니라 내 일을 한 겁니다. 정말 하나님의 일을 했다면 낙심하지 않습니다. 사도 바울의 "선을 행하다가 낙심하지 말라"(살후 3:13) 하는 것은 하나님과 동행하는 삶에는 낙심이 없다는 의미이기도 합니다.

하나님의 일을 하는 사람은 그 기쁨이 고갈되지 않습니다. 만일 내가 목회자인데, 사역자인데 지쳤다면 지금까지 내가 한 일은 하나님을 기쁘게 한 일이 아니라 사람을 기쁘게 한 일이었던 겁니다. 저는 설교를 아무리 죽을 쒀도 낙심하지 않습니다. 왜냐하면 제가 죽을 쑤는 그 상황에도 하나님은 누군가에게 메시지를 전하고 계시기 때문입니다. 제가 하나님께 쓰임 받는다고 생각하면 낙심되지 않습니다. 그런데 내가 이 사람들한테 좋은 설교가로 인정받아야겠다고 생각하면 매번 낙심이 됩니다.

주일에 일하면 안 되나요?

● 　　　하나님이 안식일에는 쉬라고 하셨는데, 주일에 일하면 안 되나요?

▲ 　　　어느 식당에 갔더니 주인 부부가 와서 요즘 자기들이 계속 싸운다고 합니다. 무슨 일로 싸우냐니까 주일에 영업을 할 것인가, 말 것인가를 두고 부부간에 의견 차이가 커서 맨날 싸운다는 겁니다. 아내는 주일에 쉬자 하고 남편은 일하자 한다는 것입니다. 제가 이렇게 말했습니다. "부부간에는 의견이 달라선 안 됩니다. 둘 중 한 사람이라도 주일에 일하는 게 불편하게 느껴지면 그렇게 하지 않는 게 맞습니다."

주일을 안식으로 지켜야 하는 이유가 무엇입니까? 나 중심이라는 독소를 주일 하루만이라도 해독하라고 주일에 안식하라 하신 것입니다. 독소를 빼는 시간, 쉼을 가지라는 것입니다. 그런데 가장 의미 있는 쉼은 다른 사람을 회복시키는 일입니다. 그래서 예수님은 안식일에도 고통받는 사람을 회복시키기 위해 일하셨습니다.

주일에 일하고 안 하고는 각자가 판단하고 결정할 일입니다.

하지만 이때 그런 결정을 한 이유가 나 중심의 삶을 지속하기 위한 것이냐, 나 중심의 삶을 벗어나기 위한 것이냐를 따져 보아야 합니다.

Q. 안식일에 쉬면 손해가 클 것 같은데 어떻게 해야 할까요?

▲ 이스라엘 백성은 애굽에서 400년간 노예로 살았습니다. 노예에게 쉼이 있을 리 만무합니다. 하나님은 이런 백성에게 쉬는 훈련을 시키셨습니다. 쉼이 회복될 때 인간성이 회복되기 때문입니다. 이스라엘 백성이 광야에 있을 때 하나님이 만나를 하루 분치씩 공급하셨습니다. 그런데 안식일 전날에는 이틀 분치를 공급하셨어요. 그날만큼은 쉬라는 것입니다. 강제로 쉼을 훈련하신 것입니다.

가나안 땅에 들어가서는 안식일뿐만 아니라 안식년을 갖게 하셨습니다. 6년 일하고 1년 쉬는 게 안식년입니다. 이 안식년 동안은 외국인 근로자도 일 못 시킵니다. 그리고 50년 만에 희년을 허락하십니다. 49년 동안 쉬고 일하고 쉬고 일하고 하면서 생긴 부와 채무 관계 등을 완전히 제로로 만들어 버리는 게 희년입니다. 이때 빚이 탕감되고 빼앗긴 땅을 되찾는 등 경제적 불평등이 해소됩니다. 희년이 되기 전 49년과 50년째에는 일을 해서도 안 됩니다.

일하지 못한 이스라엘 백성이 굶주려 죽었을까요? 아무도 굶어 죽지 않았습니다. 신기하게도 하나님이 6년째에 그다음 해의 안식년을 지킬 수 있도록 2년분의 소득을 허락하셨습니다. 희년을 위해서 희년 3년 전에 소득을 보장해 주신 것입니다.

오늘날 우리도 지키기로 마음먹으면 하나님이 그렇게 응답하실 줄로 믿습니다. 내가 먼저 지키면 하나님은 놀랍게 그 믿음에 응답하십니다.

그리스도인은 부자가 되면 안 되나요?

● 그리스도인은 재물을 모으고, 부를 쌓으면 안 되나요? 성경적 재물관이 궁금합니다.

▲ 그리스도인이 가장 먼저 기억해야 할 것은 부가 있든 없든 그 부는 우리의 것이 아니라는 겁니다. 부를 쌓는 건 나무랄 일이 아닙니다. 하지만 그렇게 쌓은 부를 저세상 갈 때 가져갈 순 없습니다. 남겨진 부는 그 자신이 아닌 다른 누군가가 쓰게 됩니다. 아무리 많은 부를 쌓아도 그것을 사용하시는 건 하나님입니다.

예수님은 누가복음 12장에서 어떤 부자가 넘치는 부를 쌓기 위해 곳간을 더 크게 짓겠다 하자, 하나님이 내가 오늘 밤 너를 데려가면 그 재산이 누구의 것이 되겠느냐고 물으시는 이야기를 비유로 말씀해 주셨습니다.

30년, 40년 돈을 모아서 가난한 사람들을 돕는 재단을 설립하겠다, 대학을 세우겠다 하는 목적을 가진다면 그것이 바로 하나님이 부를 사용하는 방법이 됩니다. 하지만 자자손손 배를 불리겠다는 목적을 가지고 돈을 모으고 또 모은다면 하나님이 한순간에 가져가신다고 성경은 말씀하고 있습니다.

● 　　 그런데 돈을 모으는 목적이 자기 야망에 불과한지 아닌지를 어떻게 분별할 수 있을까요?

▲ 　　 그건 자기밖에 분별이 안 됩니다. 주님한테 솔직해야 합니다. 주님은 속지 않으십니다. 초대교회의 아나니아와 삽비라 사건을 생각해 보십시오. 하나님은 왜 절반만 냈느냐가 아니라 왜 속이느냐를 문제 삼으셨습니다. 왜 정직하지 못하느냐는 것입니다. 그러므로 정직하게 기도하면 됩니다. "하나님, 나는 탐욕이 많습니다" "하나님, 나는 사실 백억을 모으고 싶습니다".

이때 주님이 물으실 겁니다. "그 돈 모아서 뭐 할 거니?"
돈을 쌓는 건 의미가 없습니다. 그 돈을 어디에 쓸 것인가가 중요합니다. 돈이든 뭐든 의미 없이 쌓기만 하면 그것에 깔려 죽게 마련입니다. 깊이 파기만 하는 사람은 거기에 묻혀 죽게 됩니다.

우리가 부를 쌓는 목적이 하나님의 뜻과 같고 하나님의 일을 하는 것이라면 하나님이 도와주실 것입니다. 하나님의 사람들을 보내 주시고 기가 막히게 재원이 마련되도록 해주실 것입니다. 하지만 그 목적이 탐욕에 불과하다면, 아마 쌓다가 거기에 깔려 죽게 될 것입니다. 다 쌓지도 못하는 것입니다.

돈 많은 사람이 부자가 아니라 돈 잘 쓰는 사람이 부자입니다. 집에서도 돈 버는 아버지보다 돈 쓰는 아들이 더 부자이지 않습니까? 옛말에 개같이 벌어서 정승같이 쓰라는 말이 있습니다. 하지만 개같이 벌면 개같이 쓰게 되지 정승같이 쓰게 되지 않습니다. 부자가 되는 과정도 중요한 겁니다.

하나님은 직원들한테 월급을 인색하게 주면서 교회 헌금은 많이 하는 부자를 기뻐하시지 않습니다. 교회 헌금을 적게 하더라도 직원들한테 월급을 넉넉히 주는 사람이 하나님이 기뻐하시는 부자입니다.

성경은 분명히 말합니다. 돈이 일만 악의 뿌리가 아니라 돈을 사랑하는 것이 일만 악의 뿌리라고 말입니다. 잠언은 너무 부하게도 너무 가난하게도 하시지 말라고 기도하고 있습니다(잠 30:8). 돈이 너무 많으면 하나님을 잊어버릴까 걱정되고, 돈이 너무 없으면 하나님을 욕되게 할까 두렵기 때문입니다. 참으로 지혜로운 기도입니다.

돈을 쌓든 무슨 일을 하든 그것이 내 욕망을 위한 것인지 하나님의 일을 하기 위한 것인지 분별하는 지혜가 필요합니다. 많은 사람을 구제하고도 하나님께 "그게 널 위한 구제지 나를 위한 구제였느냐?" 하는 책망을 들을 수 있습니다. 예배를 드리고도 마찬가지로 꾸중을 들을 수 있습니다. "너를 위한 예배였지 나를 위한 예배였느냐?" 그래서 신앙이란 날마다 내면을 점검하는 일이고 내 동기가 어디를 향하고 있는가를 점검하는 일입니다.

하나님과 친밀해지고 싶어요

●   열심히 성경을 읽고 기도해도 하나님과 친밀하다는 생각이 들지 않습니다. 어떻게 해야 할까요?

▲   경우는 다르겠지만 성경을 읽어도 재미가 없고 기도를 해도 감동이 없는 까닭은 간절함이 없기 때문이라고 생각해요. 인생에서 간절함은 매우 중요한 요소입니다. 그 간절함이 열정을 만들고 하나님을 깊이 만나게 해줍니다.

간절함이 있는 사람은 무슨 일이든 그것에 몰입합니다. 간절함이 없으면 몰입하기 어렵습니다. 현대 사회는 복잡다단하다 보니 한 가지 일에 꾸준히 관심을 가지고 몰입하기가 어렵습니다. 이 일을 하면서 저 일도 하고 저 일을 하면서 그 일도 하는 식입니다.

저는 아침마다 트위터와 페이스북에 글을 올리고 있는데 10년이 넘었습니다. 그 일이 가치 있다고 생각하기 때문에 꾸준히 하고 있습니다. 여러분도 할 만한 이유가 있는 것, 할 만한 가치가 있는 것에 마음을 쏟아서 꾸준히 하시기 바랍니다.

● 　　주님과 친밀해지는 일이 한순간에 이뤄졌으면 해요. 한순간에 백 년 사귄 것처럼 친밀감을 느끼고 싶어요.

▲ 　　어린아이는 말을 배우기 위해 몇천 번 반복해서 말을 합니다. 그렇게 묵은 시간이 있어야 어느 순간 말이 트이기 시작합니다. 하나님의 언어는 우리에게 생경한 말이에요. 우리의 습관과 다릅니다. 그러니 하나님과 친밀감을 갖고 싶다면, 하나님과 깊은 대화를 하고 싶다면, 말씀을 반복하고 반복해서 읽어야 해요.

저는 클래식을 좋아하지 않았는데 고등학교 2학년 때 클래식을 좋아해야 할 이유가 생겼습니다. 대화에 끼기 위해서였죠. 그때 클래식을 좋아하기 위해 한 일이 매일 클래식을 듣는 거였어요. 당시 처음으로 산 LP판을 보니, 앞면이 베토벤 심포니 5번이고 뒷면이 차이콥스키 '비창'이었는데 그걸 하루에 수십 번, 하루 종일 들었습니다.

그렇게 몇 달 듣다 보니 점점 익숙해져서 그 익숙함이 친밀감이 되고 친밀감이 나중에 사랑이 되고 결국 클래식 애호가가 되었습니다.

마찬가지로 하나님의 언어를 자꾸 읽다 보면 익숙해지고 그 익숙함이 친밀감이 되고 그 친밀감이 하나님을 깊이 사랑하는 사람이 되게 해줍니다.

ㅡ 늘 예수님께 잘 붙어 있고 싶습니다

● 　　바쁜 일상을 살면서 예수님께 잘 붙어 있으려면 어떻게 하
는 것이 좋을까요?

▲ 　　바쁜 일상에서도 말씀 한 구절은 묵상할 수 있습니
다. 저는 1년 동안 한 구절만 묵상한 적이 있습니다. 가령 시
편 23편의 말씀인 "여호와는 나의 목자시니 내게 부족함이
없으리로다"를 부족함이 느껴질 때마다 암송하는 겁니다. 이
것이 곧 하나님과 동행하는 삶입니다.

연애해 본 사람은 알 것입니다. 내 가슴을 뛰게 하는 연인의
한마디 고백, "사랑해"를 하루 종일 묵상하게 됩니다. 그게 곧
연인과 동행하는 것이죠. 예수님도 세례받을 때 하나님이 들
려주신 한마디 "너는 내 사랑하는 아들이라 내가 너를 기뻐
하노라"라는 말씀으로 공생애 3년을 사셨습니다.

하나님의 말씀이 귀에 쟁쟁하면 힘든 게 없습니다. 어떤 것
도 내 힘을 빼지 못합니다. 그래서 한마디 말씀이 중요합니
다. 공황장애로 인해 매일 죽을 것만 같던 사람이 "내가 세상
끝날까지 너희와 항상 함께 있으리라"는 한마디로 치유되어
건강한 삶을 살게 되었습니다. 하나님의 말씀을 믿으면 우리

삶에 기적이 일어납니다.

처음부터 하나님의 말씀이 내 귀에, 내 마음에 꽂혀서 내 삶에 혁명을 일으키는 경우는 드뭅니다. 손흥민 선수가 유럽 챔피언스 리그에서 저렇게 즐기면서 축구하기까지 얼마나 많은 실패의 공을 찼겠습니까? 그냥 자고 나니 축구 신동이 되었다는 건 없습니다. 죽으나 사나 공을 차야 합니다. 말씀도 죽으나 사나 시간을 정해 읽어야 합니다. 개인적인 영적 체험은 오래가지 않습니다. 기적을 경험한 많은 사람이 예수님을 떠나도 영생의 말씀이 있는 사람은 주님을 떠나지 않습니다.

이 세상에는 두 가지 메시지밖에 없습니다. 하나님의 메시지와 하나님의 말씀이 아닌 메시지입니다. 우리가 붙들 메시지는 하나님의 메시지입니다. 읽히든 안 읽히든 포기하지 말고 말씀을 읽으십시오. 그 말씀이 여러분을 하나님과 동행하는 길로 인도할 것입니다.

하나님과 동행하는 삶이란 어떤 것인가요?

Q 하나님과 동행하며 사는 삶이 어떤 것인지 궁금합니다.

▲ 에녹은 65세에 므두셀라를 낳았습니다. 그런데 다음 구절이 중요합니다. 므두셀라를 낳은 후 300년을 하나님과 동행하며 자녀를 낳았다는 것입니다. 그렇다면 하나님과 동행하지 않고 자녀를 낳을 수도 있다는 얘기가 됩니다. 그런데 에녹은 왜 므두셀라를 낳고 나서 하나님과 동행하기 시작했을까요?

여러분은 하나님과 동행하십니까? 어떻게 동행하십니까? 구원은 하나님이 우리와 동행하기로 결정한 사건입니다. 출애굽 사건은 구원 사건이면서 동시에 하나님이 이스라엘 백성과 동행하기로 결정한 사건입니다.

"혹시 구름이 저녁부터 아침까지 있다가 아침에 그 구름이 떠오를 때에는 그들이 행진하였고 구름이 밤낮 있다가 떠오르면 곧 행진하였으며 이틀이든지 한 달이든지 일 년이든지 구름이 성막 위에 머물러 있을 동안에는 이스라엘 자손이 진영에 머물고 행진하지 아니하다가 떠오르면 행진하였으니 곧 그들이 여호와의 명령을 따라 진을 치며 여호와의 명령을 따라 행진하고 또 모세를 통하여 이르신 여호와의 명령을 따라 여호와의 직임을 지켰더라"(민 9:21-23).

다시 에녹으로 돌아가서, 에녹은 왜 므두셀라를 낳은 후 하나님과 동행하기 시작한 걸까요? 므두셀라를 히브리식으로 말하면 '메튜셀라흐'입니다. '창을 던지는 사람'이라는 뜻입니다. 므두셀라는 '창을 던지는 사람'이었습니다. 고대 전쟁에서 가장 중요한 사람이 창을 던지는 사람입니다. 창을 던지는 사람이 죽으면 전쟁에서 패배했습니다. 그가 죽으면 나라와 민족이 멸망하는 것입니다. 에녹은 므두셀라가 죽는 순간이 이 땅이 심판받는 날임을 알았습니다. 에녹은 아들의 이름 '메튜셀라흐'를 부를 때마다 하나님의 심판을 기억했습니다. 하나님의 구원을 기억하는 사람이 되었습니다. 하나님은 우리를 지으신 분이요 우리를 구원하시는 분입니다. 그 하나님을 항상 기억하는 사람이 하나님과 동행하는 사람입니다.

이스라엘 백성이 출애굽한 후 40년간 광야에서 떠돌 때, 구름이 머무르면 진을 치고 구름이 떠오르면 출발했습니다. 이스라엘 백성이 매일같이 하는 일이 구름의 동향을 살피는 것이었습니다. 구름이 움직이면 곧 출발해야 했기 때문입니다. 구름이 한 달이고 일 년이고 마냥 머물러 있으면 꼼짝도 하지 않았습니다. 이스라엘 백성의 심정이 어땠을까요? 가나안 땅으로 인도하시겠다 하고는 마냥 광야에 머물러 있으니 이스라엘 백성이 참 답답했겠습니다. 그런데 이것이 바로 이스라엘 백성이 하나님과 함께하는 훈련이었습니다.

구원은 하나님과 동행하는 여정 자체를 말합니다. 구원받은 백성은 이제 가고 싶을 때 갈 수 없고 멈추고 싶을 때 멈출 수 없습니다. 하나님이 가라 하면 가고, 멈추라 하면 멈춰야 합니다. 하나님과 동행한다는 것은 바로 이런 것입니다.

Q. 하나님과 동행하며 살아도 고난이 따르는 것 같습니다.

▲ 하나님과 동행이 시작된 사람은 결코 편한 삶이 될 수 없습니다. 요셉은 노예로도 팔려 가고 감옥에도 갇히는 고난의 삶을 살았지만, 그는 하나님께 구원받은 사람이었고 하나님과 동행하는 사람이었습니다. 성경은 심지어 요셉이 형통한 삶을 살았다고 말씀합니다. 이런 형통이라도 구원받은 삶을 살고 싶습니까? 이런 고난이 따르더라도 하나님과 동행하는 삶을 살고 싶습니까?

에녹은 하나님과 동행하는 삶을 살았고 죽음을 겪지 않고 하나님 나라에 갔습니다. 에녹이 하늘로 올라간 나이는 365세입니다. 당시 평균 수명의 3분의 1 정도밖에 못 산 겁니다. 에녹은 하나님과 동행했으나 오래 살지도 못했고 대단한 일을 이룩하지도 못했습니다. 우리는 여기서 하나님과 동행하는 삶은 무슨 대단한 일을 하는 삶이 아니요 그저 하나님을 기억하는 삶임을 배울 수 있습니다. 날마다 하나님과 호흡하는 삶이 곧 하나님과 동행하는 삶입니다.

부부가 동행한다는 것도 이와 같습니다. 서로 사랑하고 서로 존중하고 서로 기억하며 서로 귀하게 여기는 것이 부부가 동행하는 길입니다. 무슨 대단한 일을 하기 위해서 부부가 된 것이 아닙니다. 부부가 동행하면서 아기를 낳고 자녀를 양육하는 겁니다.

그러므로 하나님과 동행한다면서 뭔가 특별한 일을 하기 원하지 마십시오. 남과 다른 특별한 대접을 받기 원하지 마십시오. 남다른 열심을 보인 사람들이 예수님을 못 박았다는 걸 기억하기 바랍니다. 남다른 신앙을 자랑하는 사람이 하나님의 뜻과 다른 길을 걸었음을 기억하기 바랍니다. 그저 구원받은 사람으로서 하나님과 동행하는 삶에 만족하는 저와 여러분이 되기를 바랍니다. 그게 신앙의 본질이요 신앙의 아름다움입니다.